John Seymour

Der Traum vom Landleben

und wie man ernst damit macht

Mit 10 Abbildungen

Albert Müller Verlag
Rüschlikon-Zürich · Stuttgart · Wien

Aus dem Englischen übersetzt von Rudolf Ernst. Titel des englischen Originals: «Getting it Together/A Guide for New Settlers», erschienen bei Michael Joseph Ltd., London. Copyright © by John Seymour, 1980. – Deutsche Ausgabe: © Albert Müller Verlag, AG, Rüschlikon-Zürich, 1982. – Nachdruck, auch einzelner Teile, verboten. Alle Nebenrechte vom Verlag vorbehalten, insbesondere die Filmrechte, das Abdrucksrecht für Zeitungen und Zeitschriften, das Recht zur Gestaltung und Verbreitung von gekürzten Ausgaben und Lizenzausgaben, Hörspielen, Funk- und Fernsehsendungen sowie das Recht zur foto- und klangmechanischen Wiedergabe durch jedes bekannte, aber auch durch heute noch unbekannte Verfahren. – ISBN 3-275-00795-5. – 1/6-82. – Printed in Switzerland.

Inhalt

1 Das Ziel heißt Lebensfreude

Eines sollte von Anfang an klar sein: Das Ziel heißt – *Lebensfreude.*
Zur Erreichung dieses Zieles ist einiges nötig: Man muß hart arbeiten, sich Wind und Wetter aussetzen, Probleme erkennen und lösen. Nicht zuletzt braucht man viel Engagement, damit man nicht zu fett und selbstzufrieden wird. Bei jeder Aufgabe, die man anpackt, muß man Anfang und Ende sehen; man muß sich hungrig zu Tisch setzen und müde ins Bett gehen. Geist und Körper des Menschen sind für *harte* Beanspruchung entwickelt. Andererseits neigen wir auch dazu, den leichteren, bequemeren Weg zu wählen; das half uns, mit der Last primitiver Existenzformen fertigzuwerden. Heute aber führen wir kein primitives Dasein mehr.
Freude ist also das Ziel. Aber Freude allein ist noch nicht alles.

Dieses Buch soll Stadt- wie Landbewohnern helfen, den Schritt zu einem eigenständigeren Leben auf dem Lande zu tun, *wenn sie ihn tun wollen.* Es soll hier kein Versuch gemacht werden, jemand zu einer solchen Lebensweise zu überreden. Die einzige Absicht ist, Leuten zu helfen, die diese Entscheidung schon hinter sich haben, und ihnen überdies klarzumachen, daß man sich alles gründlich überlegt haben muß, ehe man anfängt.
Ich selbst führe seit ein paar Dutzend Jahren ein höchst eigenständiges Leben in England; vor dem Krieg lebte ich in Afrika – im allgemeinen mindestens hundertfünfzig Kilometer vom nächsten Laden entfernt. Ich bewirtschafte jetzt mit etwa einem Dutzend Leuten eine Fünfundzwanzig-Hektar-Farm in Wales. Fast alles, was wir zu unserer Ernährung brauchen, bauen wir selbst an, verkaufen einen kleinen, aber wachsenden Überschuß, versuchen, unser Wissen auch anderen zu vermitteln, und leben, so gut

wir können. Das bedeutet ungemein harte Arbeit. Was das »einfache Leben« anbelangt – das kann man vergessen. Dies ist so ungefähr die komplizierteste Lebensweise, die man sich auf diesem Planeten aussuchen kann. Will man ein einfaches Leben führen, dann geht nichts über ein Appartement in der Stadt und ein Dauerarbeitsverhältnis mit regelmäßigem Einkommen.

Unsere Lebensart hat ihre Vorteile. Gerade ihre Kompliziertheit macht sie interessant. Sie ist nie langweilig. Anfang und Ende aller unserer Aufgaben sehen zu können, macht uns Freude. Wir bringen gute Nahrung hervor und essen sie, und wir brauen gutes Bier und trinken es. Das Leben gefällt uns um so mehr, als wir wissen, daß wir unseren Teil selber tun und unseren Unterhalt in dieser Welt selbst verdienen. Aber leicht ist das nicht.

Wer sich vornimmt, so ein Leben zu führen, muß sich genau darüber klar werden, was er eigentlich will. Was ist sein Ziel?

In den letzten Jahren habe ich Hunderte von Leuten kennengelernt, die eine solche entscheidende Veränderung planten oder bereits gewagt hatten. Die meisten von ihnen könnte man wohl den folgenden Kategorien zuordnen:

1. Menschen, die sich angeödet fühlen von der Sinnlosigkeit des Lebens in der heutigen Industriegesellschaft. Sie finden unsere Überspezialisierung beengend, sind es müde, ständig Schulden zu haben, haben genug von der täglichen Tretmühle in Büro oder Fabrik, vom Smog, von der häßlichen Großstadt, von kleinbürgerlicher Selbstgefälligkeit in der Vorstadt, vom Pendelverkehr und so fort.

Um ein Leben als Selbstversorger erfolgreich führen zu können, müssen diese Leute ihre rein negativen Gefühle durch positive ersetzen. Aus der Stadt zu fliehen, genügt nicht. Sie müssen Liebe zum Land empfinden, ihr neues Leben mit Begeisterung annehmen, gute Beziehungen zu den ländlichen Nachbarn entwickeln und dem Aufbau der neuen Lebensform ihre ganze Energie widmen.

2. Menschen, die einen Zusammenbruch der Großstadtzivilisation fürchten und nicht verhungern wollen, wenn er eintritt.

Auch diese Überlegung ist ausschließlich negativ, und ich lehne sie ab. Gegenüber dem möglichen Zusammenbruch der Industriegesellschaft müssen wir alle eine positive Haltung einnehmen. Wir müssen uns jetzt schon bemühen, daß dieser Zusammenbruch (der wohl unvermeidlich ist) eher die Form eines kontinuierlichen Niederganges annimmt, und versuchen, als Ersatz eine gesunde Agrargesellschaft aufzubauen. Es ist nicht verfrüht, *jetzt* schon auf dieses Ziel hinzuarbeiten. Jeder, der Land besitzt, hat die Verpflichtung, darauf den größtmöglichen Ernteertrag zu erzielen. Außerdem ist seine Aufgabe, so viele Menschen wie möglich zu lehren, wie man sich vom eigenen Land selbst ernährt und auch noch Überschüsse für andere bereitstellt. Ich habe schon Gesprächen von Leuten zugehört, die sich Waffen anschaffen wollten, um ihr Stück Land gegen die hungernden Horden zu verteidigen, von denen sie glauben, daß sie aus den Städten kommen und über sie herfallen werden, aber solches Gerede finde ich kindisch. Wir müssen positiv denken und planen und dürfen nicht vergessen, daß kein Mensch eine Insel ist und daß wir füreinander verantwortlich sind. Wer Land hat, ist verpflichtet, auch andere Menschen mitzuernähren.

3. Menschen mit einer ausgeprägt positiven Sicht der *möglichen* Weltentwicklung, die in der Stadt oder auf dem Land eine gute Gesellschaft aufbauen wollen.

Das sind die Leute, die mich am meisten interessieren, denn ihre Haltung ist positiv, ihre Absichten sind gut und ihre Ziele erreichbar.

Im Westen von Wales, wo ich lebe, gibt es viele Dutzende, wahrscheinlich sogar Hunderte von Leuten, die der Stadt den Rücken gekehrt haben, um sich auf einem Stück Land niederzulassen. Überall in Europa, wo es für Menschen mit beschränkten finanziellen Mitteln möglich war, Grundstücke zu kaufen, gibt es derartige Gruppen. Ich bin ihnen in einem Dutzend europäischer Länder begegnet und auch in Kalifornien, und ich weiß, daß es in den Vereinigten Staaten, in Kanada, in Neuseeland und Australien Zehntausende von ihnen gibt. Ich stehe mit vielen in Briefverbindung.

Wir »Selbstversorgungs-Freaks« fühlen uns nicht mehr isoliert und alleine. Wo immer wir unser Stück Land finden – überall gibt es in der engeren oder weiteren Umgebung Menschen, die unsere Einstellung teilen. Von denen, die ein ähnliches Leben führen, werden wir Ermutigung und freundliche Hilfe bekommen. Wir werden feststellen, daß unsere Zahl wächst, nicht abnimmt. Wir spüren, daß der Wind der Geschichte mehr und mehr in die Richtung weht, die wir einschlagen wollen. Als Sally und ich vor fünfundzwanzig Jahren dieses eigenständige Leben begannen, blies uns der Wind ins Gesicht.

Wenn sich in einer Meeresbucht die Fluten weiter und weiter zurückziehen, meint man manchmal, die Ebbe werde so lange fortdauern, bis selbst der ganze Ozean trocken liege. Aber dann wird man auf einmal eine kleine Welle beobachten, die weiter auf den Strand heraufflutet als die vorangegangenen. Man erkennt, daß die Ebbe ihren Tiefpunkt erreicht hat, daß der Umschwung der Gezeiten da ist und der schlammige Uferstreifen bald von neuem überschwemmt und voll Leben sein wird – die Natur ist wieder im Lot. So lange ich mich zurückerinnern kann, war das Land in Großbritannien praktisch verlassen. Die Flucht in die Städte dauert noch an, wenngleich aus der Flut ein Rinnsal wurde, weil nur noch ein Rinnsal übrig ist. Aber siehe da – auf dem Sand kräuseln sich schon ein paar winzige Wellen; es kommt ein Rinnsal zurück, und aus dem Rinnsal wird eine Flut. Die Menschheit kehrt zu ihrem Ursprung zurück.

Wie ich feststellte, sind die Neusiedler, die scheitern und in die großen Städte zurückmüssen, meistens die, welche die traditionelle Landwirtschaft des Gebietes, in dem sie sich niedergelassen haben, unverändert weiterbetreiben. Sie arbeiten nicht auf Selbstversorgung hin – sie kaufen, wie die Nachbarfarmer seit eh und je, alle oder fast alle ihre Lebensmittel in den Geschäften. Sie versuchen nicht, Erzeugnisse oder Dienste anzubieten, für die ihre Nachbarn – oder andere – bezahlen, sondern bauen einfach weiter jene ein oder zwei landwirtschaftlichen Produkte an, die der Tradition in diesem Gebiet entsprechen.

Wer auf dem Land neu anfangen möchte und überleben will, muß eine ganz neue Einstellung zur Agrarwirtschaft mitbringen. Sein erstes Ziel muß sein, sich so weit wie möglich selbst zu versorgen, damit die Nahrung nicht gekauft werden muß. Ein Pfennig Ersparnis bedeutet einen Pfennig Gewinn. Die alteingesessenen Farmer haben das einfach vergessen. Sie haben nur eines vor Augen: Geld zu verdienen – aber sie haben vergessen, daß

Geld zu sparen ebensogut ist wie Geld zu verdienen – nein, noch viel besser. Zweitens sollte der Neusiedler *nicht* versuchen, seine alteingesessenen Nachbarn nachzuahmen, indem er genau das Gleiche anbaut wie sie. Tut er das, so tritt er direkt mit ihnen in Konkurrenz – und da ist er ihnen stets unterlegen. Nein, er muß etwas finden, das sie nicht hervorbringen oder herstellen können oder niemals zu produzieren erwogen haben.

Wenn Sie jetzt fragen: »Was ist das?«, dann kann ich nur sagen, daß Sie es selbst herausfinden müssen. Ich kenne viele Leute, die diesen Schritt aufs Land hinaus machten, dort mit einer vorgefaßten Idee, wie sie ihr Geld verdienen wollten, ankamen, und in der Folge etwas ganz anderes taten. Ein Mann glaubte, mit einer Herde Milchkühe seinen Lebensunterhalt verdienen zu können. Er mußte einsehen, daß er dabei Geld einbüßte, fing an, Schriften auf Ladenfronten und Lieferwagen zu malen, stellte fest, daß damit gut zu verdienen war, verkaufte seine Kühe und baute sich am Ende ein gutes Geschäft auf, das seither hervorragend geht.

Ein anderer Mann, den ich kannte, begann, sein Geld als Geschäftsführer einer landwirtschaftlichen Genossenschaft zu verdienen, was ihm dann langweilig wurde. Er beschloß, ein Stück Land zu kaufen, und wurde Beerenobstbauer. Er bepflanzte zwei Hektar mit Beerensträuchern, lernte aber gleichzeitig das Drechslerhandwerk. Der Drechslerschwanz begann mit dem Beerenhund zu wedeln; jetzt bezieht er ein kleines Einkommen aus seinem »Beeren zum Selberpflücken«-Geschäft und beträchtliches Geld aus seinem gutgehenden Drechslerbetrieb. Übrigens sind dort mehrere junge Leute angestellt, die sonst arbeitslos wären. Eine Anzahl derer, die dort das Drechslerhandwerk erlernten, hat sich inzwischen selbständig gemacht.

Um zu zeigen, wie vielfältig die Möglichkeiten des Broterwerbs für Neusiedler sind, möchte ich ein halbes Dutzend Fälle von Leuten schildern, die in unmittelbarer Nachbarschaft meiner eigenen Farm ihren Unterhalt verdienen.

Ein Rentnerpaar (der Mann war Techniker) kaufte sich ein Haus und fünf Hektar Wiesen und Wald. Die Frau melkt sechs schöne Jersey-Kühe und verkauft die Milch an meine Farm, wo sie zu Käse verarbeitet wird. Der Mann hält sich in seinem Wald eine

Schweineherde und kauft einen Teil der beim Käsen anfallenden Molke zurück, um sie an die Tiere zu verfüttern. Die beiden produzieren den größten Teil ihrer Nahrung selbst, brauen ihr eigenes Bier und haben daneben eine kleine Rente. Sie arbeiten schwer, aber engagiert, und leben dabei sehr gut.

Eine geschiedene Frau lebt mit ihrem dreizehnjährigen Sohn auf gut zwei Hektar unbebautem Land. Sie ist eine erfolgreiche Töpferin und verdient mit dieser Arbeit das nötige Geld. Einen alten Lieferwagen kann sie sich gerade noch leisten. Sie hat eine Milchkuh, eine weitere für die Kälberaufzucht, schlachtet jedes Jahr einen jungen Bullen für die Tiefkühltruhe, hält zwei Sauen, schlachtet jedes Jahr zwei fette Schweine, die Schinken und Speck liefern, stellt selbst Butter, Käse usw. her, hält Hühner und Enten und hat immer genügend Eier, um ein paar davon verkaufen zu können, bringt etliche von ihren fetten Hähnen und Enten auf den Markt und kauft einem Farmer Weizen ab, den sie in einer Handmühle mahlt und zu Brot verarbeitet. Weizen ist fast das einzige Nahrungsmittel, das sie zukauft. Sie arbeitet schwer, aber sie und ihr Sohn kommen zurecht, und sie leben durchaus nicht schlecht. Der Gegensatz zwischen dem Sohn, der sich auf der kleinen Farm und in den Bergen völlig zu Hause fühlt und als guter Schütze wie auch in zunehmendem Maße als Zimmermann und Bautechniker eine gute Figur macht, und einem dauerfernsehenden Stadtjungen fällt deutlich ins Auge.

Ein vorzeitig in Pension gegangener Vertreter und seine Frau kauften ein sehr abgelegenes Zehn-Hektar-Anwesen. Sie richteten das Haus her, zäunten das Land ein und kultivierten es. Für Milch, Fleisch und Eier sorgt eine Ziegenherde und ein kleiner Geflügelbestand. Sie haben einen gepflegten Garten, und der Mann macht Teilzeitarbeit als Maschinist auf den Fähren nach Irland. Die Frau verrichtet den größten Teil der auf dem Anwesen anfallenden Arbeit und ist offenbar sehr zufrieden dabei.

Ein ehemaliger Musiklehrer mit Frau und kleiner Tochter kaufte sich eine Farm von acht Hektar. Er hat eine Milchkuh und widmet sich der Aufzucht von Kälbern. Aus der Farm holen sie den größtmöglichen Ertrag heraus (weil sie vernünftig genug waren, auf die vielen guten Ratschläge ihrer Nachbarn zu hören) und erzeugen den größten Teil ihres Lebensmittelbedarfs selbst. Der

Mann hat aus Klavierstunden, die er den Kindern der Umgebung gibt, einen Zusatzverdienst. Viele Anfragen nach Musikstunden lehnt er ab; er hat mehr Arbeit, als er bewältigen kann, und braucht nicht sehr viel Geld.

Die Mitglieder einer Gruppe junger Leute brachten vor einem halben Jahr je zehntausend Pfund auf. Mit dem Geld kauften sie eine gute Vierundzwanzig-Hektar-Farm mit einem großen Gebäude darauf. Die meisten der ursprünglichen Mitglieder haben die Gruppe inzwischen verlassen, doch kamen andere dafür neu hinzu. Sie leben alle in dem weitläufigen Haus und bewirtschaften zusammen die Farm. Da sie von Anfang an über genügend Kapital verfügten, konnten sie sich mit allen nötigen Maschinen ausrüsten und erwirtschaften ein sehr gutes Ergebnis. Sie verkaufen Erdbeeren, haben einen großen Garten, dessen Produkte abgesetzt werden, machen ziemlich abscheulichen Käse, den sie selbst essen, betreiben einen eigenen Laden, der ihre Agrarprodukte verkauft, und haben einen Stand auf dem örtlichen Markt. Sie scheinen sehr gut zu leben, obwohl das Haus manchmal einen etwas ungemütlichen Eindruck macht. Die vielen Kinder fühlen sich dort überaus glücklich.

Ein junger Mann, der ein Jahr auf meiner Farm verbracht hatte, kaufte zweieinhalb Hektar Brachland und versucht (mit einigem Erfolg), es in eine Gärtnerei umzuwandeln. Daneben macht er für örtliche Farmer Zimmermannsarbeit und ernährt sich davon. Er erntet den größten Teil seiner Nahrungsmittel selbst, allerdings keinen Weizen.

Ein junges Paar kaufte hier in der Nähe eine Acht-Hektar-Farm mit Bergweiderechten. Einen Teil ihres Lebensunterhalts verdienen sie mit Gitarrenspielen und Singen; sie haben eine immer größer werdende Schafherde und weben zum Gelderwerb. Sie stellen schöne Teppiche her, die sich sehr gut verkaufen lassen, halten neben ein paar Milchkühen auch Pferde und arbeiten sehr hart am Wiederaufbau eingestürzter Teile ihres Hauses. Sie sind emsig, gesund und glücklich.

So könnte ich seitenlang fortfahren; weitere Beispiele will ich meinen Lesern jedoch ersparen. Die *Erfolgreichen* haben alle eines gemeinsam:

Sie besitzen irgendeine besondere Fertigkeit, die ihnen einen

Teil ihres Lebensunterhalts sichert, oder betreiben zu diesem Zweck irgendein Geschäft.

Im Umkreis meiner eigenen Farm fällt mir ein Architekt ein, ein Zahnarzt, ein Baumeister, ein Zimmermann, ein Installateur, ein Elektriker, ein Maschinenreparateur und Schweißer, ein Drechsler, ein Hufschmied, ein Stellmacher, ein Bootsbauer, ein Anwalt, ein Gastwirt, ein paar Leute, die eine Pension betreiben, ein Gemüsegärtner, die Eigentümer eines Kunstgewerbeladens, jemand, der Kurse in Weben und Ähnlichem gibt, ein Meerfischer und ein Landschaftsmaler. Bei etwas längerem Nachdenken würden mir noch viele Dutzend solcher Beispiele einfallen. All diese Leute üben ihre erlernten Tätigkeiten während eines Teils ihrer Arbeitszeit aus und erzeugen den größten Teil ihrer Nahrungsmittel auf ihrem eigenen Land.

Hier wächst eine regelrechte Gegenkultur heran. Diese Leute streben nicht mehr danach, immer mehr Geld zu verdienen, und die »Steuerfresser«, wie man die Parasiten unserer Gesellschaft genannt hat, haben nur mehr sehr wenig von ihnen. Für die törichten und überflüssigen Zwecke, für die unsere verschiedenen Regierungen gewaltige Mittel ausgeben würden, wenn sie sie nur bekämen, bringen sie nur sehr wenig Geld auf. Sie stehen auf eigenen Beinen, tragen zur Nahrungsmittelversorgung der Welt bei, üben dieses oder jenes nützliche Handwerk aus und ziehen gesunde, glückliche Kinder groß. Was könnte die Welt mehr von ihnen verlangen?

Trotz allem wird uns »Selbstversorgungs-Freaks« immer wieder bis zum Überdruß eine bestimmte Frage gestellt: »Was gibt euch das Recht, euch ein Stück Land zu nehmen, das Nahrung für uns alle produzieren sollte, um Lebensmittel ausschließlich für eure eigene Ernährung zu erzeugen?«

Immer wieder belustigt es mich, wenn mir ein Stadtmensch, der in seinem Leben noch kein Gramm Nahrung produziert hat, diese Frage stellt. Noch komischer finde ich es, wenn der Frager die Beine unter meinen Tisch ausstreckt und ein Mahl zu sich nimmt, das ich im Schweiße *meines* Angesichtes erarbeitet habe!

Natürlich, wer keinen überproportional großen Anteil der Agrarfläche seines Landes besitzt und sich autark davon ernährt, braucht sich keinerlei Kritik gefallen zu lassen, denn wenn er nicht seine eigenen Nahrungsmittel erzeugte, müßte jemand anderer sie für ihn produzieren; nimmt man ein Stück Land – *beliebiges* Land – und baut darauf mehr an, als es zuvor hervorgebracht hatte, dann hat man etwas geleistet. Erzeugt man auf einem Stück Land ebensoviel, wie zuvor darauf produziert wurde, aber mit weniger Petrochemikalien, dann ist das ebenfalls eine Leistung, denn man nimmt so auch die schwindenden Ölreserven der Welt weniger in Anspruch.

Wenn man auf einem angemessenen Teil der Erdoberfläche seine eigene Nahrung erzeugt, sollte sich niemand darüber aufregen. Und was ist ein angemessener Teil? In England und Wales zum Beispiel, zusammengenommen einem der dichtestbesiedelten Gebiete der Erde, bedeutet das ungefähr 20 Ar kultivierte Fläche und etwas Weideland in den Bergen (1 Hektar = 100 Ar = 10000 qm). Ist also jemand verheiratet und hat zwei Kinder (und seien sie noch so klein), hat er ein moralisches Anrecht auf 80 Ar mit etwas Weideland. Selbst wenn das Weideland zu weit entfernt ist und deswegen nicht ausgenutzt werden kann, kann man sich von den 80 Aren ernähren, wenn man weiß, wie man's macht und sich entsprechend bemüht. Hat man für eine vierköpfige Familie *mehr* Land, dann sollte man einen Überschuß erzeugen, der an andere verkauft wird.

In Großbritannien zum Beispiel erzeugt die Landwirtschaft gerade die Hälfte des Nahrungsmittelbedarfs der Bevölkerung, bedarf aber dazu gewaltiger Einfuhren von Proteinen (pflanzlichem oder Fischeiweiß), Futtergetreide für die Tierhaltung, Phosphaten, Stickstoff und Heizöl. Wären die Britischen Inseln abgeschnitten vom Rest der Welt – das Volk würde innerhalb weniger Monate verhungern. Japanische Bauern ernähren mühelos drei Menschen mit einem halben Hektar, ohne von Protein-, Getreide- und anderen Einfuhren abhängig zu sein.

Dennoch, theoretisch wäre England durchaus in der Lage, sich selbst zu ernähren – nicht mit den gebräuchlichen Methoden der Agrarwirtschaft, sondern mit arbeitsintensiven Verfahren und guter Mischwirtschaft, d. h. Pflanzenanbau *und* Viehhaltung, Mischfruchtanbau (gemeinsamer Anbau mehrerer Pflanzenarten), Fruchtwechsel und all den anderen Verfahren gesunder, organischer Landbewirtschaftung. Diese Art Landwirtschaft können nur Menschen wie Sie und ich betreiben – Leute, die das Land bearbeiten, um Nahrungsmittel zu erzeugen und nicht nur, um Geld zu verdienen.

Wir Selbstversorger haben also ein moralisches Recht auf ein Stück Land – vorausgesetzt, daß dieses Land zumindest ebensoviel Nahrung produziert, wie es vorher erzeugt hatte. Ob wir diese Nahrungsmittel selbst verbrauchen oder verkaufen, ist dabei völlig ohne Bedeutung.

Dänemark und ein paar andere europäische Länder haben kürzlich Gesetze erlassen, die Personen ohne agronomische oder gärtnerische Ausbildung den Erwerb von Land verweigern. Die Überlegung, die dem zugrunde liegt, kann ich begreifen, und in gewisser Hinsicht scheint sie auch vernünftig zu sein. Dennoch gibt es hier eine große Gefahr. Welche Einzelperson – oder welches Gremium – soll entscheiden, wer für Landeignerschaft qualifiziert ist und wer nicht? Soll eine so bedeutungsvolle Entscheidung von gesichtslosen Bürokraten gefällt werden? Angenommen, jemand hätte eine Vorstellung von Landwirtschaft entwickelt, die der Meinung der Beurteiler in Theorie und Praxis zuwiderläuft? Soll er dann kein Recht haben, Land zu bebauen?

Andererseits bin ich durchaus der Meinung, daß entsprechende Vorbereitung erforderlich ist, ehe jemand die gewaltige Verantwortung auf sich nimmt, sich um die rechte Bewirtschaftung eines Teils der Erdoberfläche zu kümmern. Jeder, der diese Absicht hat, sollte meiner Meinung nach zuerst mindestens ein Jahr in einem schon bestehenden Agrarbetrieb mitarbeiten.

In der Diskussion zwischen Selbstversorgern und den Kritikern taucht häufig der Name Robinson Crusoe auf. »Willst du«, so heißt es, »vom Rest der Welt abgeschnitten wie Robinson Crusoe leben?« Robinson führte auf seiner Insel ein ziemlich untadeliges Dasein (wenn man einmal über jene wirklich erschreckenden christlichen Apologien hinwegsieht, die als Grund für ihn herhalten mußten, den armen Freitag zu ohrfeigen). Heute freilich kann man ein solches Leben in keinem Land, das ich kenne, mehr führen. Der Neusiedler, der Stadtbewohner, der aufs Land zurückkehrt, läßt ein Wirtschaftssystem hinter sich, das ihm überspezialisiert (und deshalb langweilig), ungesund und unbefriedigend scheint. Er tritt ein in ein anderes Wirtschaftssystem, das er selbst aufbauen hilft; in diesem System ist die Tätigkeit vielfältiger, gesund (denn zumindest einen Teil des Tages verbringt er mit schwerer körperlicher Arbeit im Freien) und verschafft Befriedigung. Der Neusiedler sollte *nicht* versuchen, vom Rest der Welt abgeschnitten zu leben wie Robinson Crusoe. Vielmehr sollte er alles daransetzen, sich in die ländliche Gesellschaft seines neuen Lebensraumes zu integrieren; wenngleich er andererseits, soweit möglich, Verbindungen mit der Stadtgesellschaft, aus der er ausgeschieden ist, aufrechterhalten sollte. Ohne Geldeinkünfte kann er nicht lang existieren; er muß also Fertigkeiten oder Güter besitzen oder Dienstleistungen erbringen, die er verkaufen kann. Er wird zwar versuchen, ein möglichst breites Spektrum von Gütern zu produzieren, wird aber das, was er selbst nicht ohne übermäßige Mühe erzeugen kann, mit den Gütern und Dienstleistungen kaufen, die er anderen anbietet.

Ich sehe meine kleine Farm wie eine Nation. Sie ist eine Nation, in der wir versuchen, so autark wie möglich zu sein. Dennoch sind wir stets bereit, zum gegenseitigen Vorteil Handel mit dem Rest der Welt zu betreiben. Meine eigene Farm (auf der eine Art lose organisierter Gemeinschaft lebt) verkauft zur Zeit: Schriftstellerei (dieses Buch ist ein Beispiel dafür), Käse, Butter, Buttermilch, Joghurt, Gemüse, Schinken und Speck, Rinder, Schafe und Wollstoffe. Wir kaufen Saatgut, Dünger (wir treiben »organischen« Anbau, kaufen aber, wenn nötig, Kalk und Phosphat), Maschinen (inzwischen haben wir freilich fast alles, was wir brauchen), Baumaterial, Kleidung und Schuhwerk usw. sowie Tee und Kaffee, deren Anbau hier unmöglich ist. Außerdem kaufen wir auch einiges, das wir selbst herstellen können. Es ist möglich, aus tierischem Fett und Holzasche sehr gute Seife zu machen; trotzdem kaufen wir sie, denn der unbedeutende »Außenhandel«, der hierfür erforderlich ist, rechtfertigt nicht den Aufwand der Herstellung.

Ein Wirtschaftler würde sagen: »Das weitaus Einträglichste, was Sie verkaufen, ist offenkundig die Schriftstellerei. Warum verlegen Sie sich also nicht gänzlich darauf und kaufen sich dafür alles, was Sie benötigen?« Aber Wirtschaftler denken in Quantitäts-, nicht in Qualitätskategorien und berücksichtigen nicht

Aspekte wie etwa Lebensqualität. Sie haben auch wenig Ahnung von der Qualität einer Leistung wie z. B. schriftstellerischer Tätigkeit. Wenn ich ausschließlich schriebe, ohne sonst noch etwas zu tun, wäre das Ergebnis nicht zu verkaufen. Wäre ich ausschließlich Schriftsteller, bliebe die Qualität meines Lebens dürftig. Mein Körper und mein Geist sind das Ergebnis einer langen Entwicklung, das *benutzt* werden will, und zwar voll und ganz. Lasse ich auch nur einen Teil meiner geistigen und körperlichen Fähigkeiten ungenutzt, so leidet meine ganze Person darunter. Daneben gibt es noch andere, bedeutende Vorteile der Autarkie, von denen die Wirtschaftler keine Vorstellung haben. Sie wissen alles über »Ertrag« (große Dinge bringen mehr Gewinn je Produktionseinheit als kleine Dinge), »Produktionsgewinn durch Spezialisierung« usw., haben aber nie darüber nachgedacht, was *Einfachheit* bringt. Wenn ich einen Laib Brot kaufe oder den weißen, in Scheiben geschnittenen und in Zellophan verpackten Matsch, der in Industrieländern als Brot bezeichnet wird, kaufe ich etwas, das schon um die halbe Welt gereist ist (wahrscheinlich stammt bei uns in England der Weizen aus Kanada), eine Reihe industrieller Prozesse durchgemacht hat, in Lastwagen herumtransportiert worden ist, durch Dutzende von Händen gegangen ist (obwohl es nie von einer Hand *berührt* wurde), schließlich auf irgendeinem Ladenregal landet und mir verkauft wird. Hunderte von Menschen in aller Welt haben indirekt mit meinem Laib Brot zu tun gehabt. Zur Herstellung dieses Brotes sind vielleicht alle möglichen Ertrags- und Spezialisierungsüberlegungen angestellt worden. Dennoch liegen die Kosten der Erzgewinnung für das Schiff darauf, das den Tee transportierte, der die Sekretärin des Personalchefs der Fabrik belebte, die den Lastwagen baute, der das Mehl zur Bäckerei beförderte, wo es zu einem Produkt von löschblattartiger Konsistenz verarbeitet wurde. Und dann mußte es noch zu mir gebracht werden.

Diesen Vorgang vergleiche man nun unter dem Gesichtspunkt der Einfachheit mit dem Ablauf, wenn ich Weizen anbaue, ihn dresche, mahle und zu Brot verbacke. Vom Saatgut zum Laib geht es durch keine Hände außer den meinen. Ich weiß, daß ich auf viele Aspekte der »ertragsmaximierten Wirtschaft« verzichte: den riesigen Mähdrescher, der in einem Tag fünfzig Hektar abernten kann, das riesige Schiff, das den Weizen über das Meer bringt, die riesige Mühle, die daraus das weißeste Weizenmehl mahlt. Aber auch Einfachheit ist ein Faktor – und sogar ein sehr wichtiger. Und wenn es mir *Spaß* macht, Getreide anzubauen und Brot daraus zu backen? Dieser Faktor der *Freude* und der *Befriedigung* gehört zu den Aspekten, die die klassischen Wirtschaftler nicht in Betracht ziehen. Wirtschaftler setzen stillschweigend voraus, daß jede *Arbeit* Kosten bedeutet – etwas, das man möglichst vermeiden sollte. Die ganze Wirtschafts-»Wissenschaft« bricht zusammen, wenn Arbeit plötzlich eine Quelle der Freude wird.

Doch kommen wir auf unser Ziel zurück. Man könnte es wohl als ein gewisses Maß an Autarkie bezeichnen. Diese Autarkie gibt es in vielen Abstufungen – von jener des Programmierers, der in der Stadt in einem Appartement haust und auf dem Fensterbrett Tomaten zieht, bis hin zu Robinson Crusoe. Ein gutes Leben liegt meiner Ansicht nach irgendwo zwischen diesen beiden Extremen.

Wir sollten uns das Wort des großen japanischen Bauern Fukuoka, des Autors von »Die Strohhalmrevolution«[1], zu Herzen nehmen: »Letztes Ziel des Bauernlebens ist nicht Erzeugung landwirtschaftlicher Produkte, sondern die Kultivierung und Vervollkommnung von Menschen.«

[1] engl. »The One Straw Revolution«

2 Betrachtungen zum Vorgehen

Strebt jemand eine autarke bäuerliche Lebensgestaltung an, so gilt die wichtigste Überlegung natürlich den Bodenpreisen; die zweitwichtigste betrifft den gegenwärtigen Stand der Baugesetzgebung und steht mit der ersten Überlegung in engem Zusammenhang. Würden in England die Gesetze abgeschafft, die verhindern, daß sich Leute auf ihrem eigenen Land Häuser bauen, so würde es für kleinere Areale sofort einen Preissturz geben, denn nicht wenige Großgrundbesitzer würden dann solche Parzellen anbieten. Ist die Umwandlung in ein selbständiges kleineres Anwesen möglich, so kann er einen höheren Preis dafür erlösen als für gewöhnliches Ackerland. Steht auf einem kleinen Stück Land eine Ruine und besteht infolgedessen die Baugenehmigung für ein neues Haus, so ist der Preis für dieses Areal im Augenblick überaus hoch. Man bezahlt weniger für das Land als für die Baugenehmigung.

Ich möchte mich hier auf keine einseitige Stellungnahme zur britischen Baugesetzgebung einlassen. Es ist ein wenig unfair, wenn ein Autor seine eigene Sicht der Dinge in dem Bewußtsein darstellt, daß niemand, der gegenteiliger Anschauung ist, ihm widersprechen kann. So sei nur dies in aller Kürze gesagt: Die Befürworter der Baugesetzgebung glauben, daß im Fall einer Abschaffung dieser Gesetze die ganze Landschaft sofort mit scheußlichen kleinen Bungalows übersät wäre. Ich meine, daß ein Bürger in jedem Land das Recht haben sollte, sein eigenes Heim auf seinem eigenen Stück Land zu errichten (ein Recht, das sogar ein Rotkehlchen hat). Ich bin *nicht* der Ansicht, daß jedermann unbedingt das Recht haben muß, eine Plastikfabrik, eine Ölraffinerie, eine Ansammlung von Ferienbungalows oder Wohnblöcke zu bauen, denn all dies würde die Landschaft wirklich verschandeln. In den letzten vierzig Jahren sind die schlimmsten Landschaftsverhunzer in England und Wales die örtlichen Behörden mit ihren abscheulichen Sozialwohnungen gewesen. Dennoch halten die Befürworter der einschränkenden Baugesetzgebung diese Gebäude für hinnehmbar, während sie das Recht des kleinen Bauern bestreiten, auf seinem eigenen Land für sich selbst mit an Ort und Stelle gewonnenem Material und im hergebrachten, ortsüblichen Stil ein von Bäumen abgeschirmtes eigenes Haus zu bauen. Diese Verwirrung des Denkens rührt von der Vorstellung der Stadtmenschen her, daß es nur der Großbauer ist, der ihn mit Lebensmitteln versorgt. Je größer der landwirtschaftliche Betrieb, desto größer die Nahrungsmittelproduktion – und damit: Je mehr große Betriebe es gibt, desto mehr Lebensmittel. Ich habe nie Unterricht in Logik genossen; dennoch entgeht auch mir nicht der diesem Argument innewohnende Trugschluß, denn je größer die Höfe sind, desto weniger gibt es natürlich davon. Eine andere Meinung besagt, daß eine große Zahl kleiner Betriebe »unschön« wäre. Ich jedenfalls möchte lieber in einer »unschönen« Landschaft *leben* als in einer schönen *verhungern*, aber das ist ja gar nicht die Alternative, wie jeder, der einmal in einer richtigen bäuerlichen Landschaft gelebt hat, bestätigen kann. So eine Landschaft ist schön – vom Gegenteil kann überhaupt keine Rede sein.

Aber zurück zu dem Mann, der sein Haus verkaufen und ein kleines Areal auf dem Land finden möchte, wo er einen Teil seines Lebensmittelbedarfs selbst produzieren und seinen Unterhalt so gut wie möglich bestreiten kann. Um sein Problem soll es in diesem Buch gehen. Was kann er tun, um sein Ziel zu erreichen?

Es hat wenig Zweck, so zu tun, als sei dieses Problem nicht schwierig, besonders in der jetzigen Zeit. Noch in jüngerer Vergangenheit galt, daß jemand, der unbedingt drei oder vier Hektar Land wollte, sie auch bekommen konnte. Sally und ich schafften das, als wir völlig pleite waren, vor fünfundzwanzig Jahren in Suffolk, und ebenfalls vor fünfzehn Jahren in Pembrokeshire, als wir noch völliger pleite waren. Als wir diese Farm kauften, hatten wir nichts als einen Überziehungskredit und vielleicht £ 50 in bar. Der Überziehungskredit betrug, wenn ich mich recht erinnere, ungefähr £ 250. Der Grundbesitzer, der uns die Farm verkaufte, kreditierte uns die Hälfte der erforderlichen £ 4250, und die Bank lieh uns die andere Hälfte.

Damals bestand keine Nachfrage nach kleineren Höfen, und viele, die solche Anwesen besaßen, hatten sie aufgegeben. Unsere Farm in Wales war über ein Jahr lang verlassen gewesen – der Pächter war einfach weggegangen. Es gab eine große Anzahl solcher verlassener Anwesen. Die meisten davon wurden nie zum Verkauf angeboten, weil man sich nicht vorzustellen vermochte, daß jemand sie haben wollen könnte.

Heute ist das ganz anders. Jedes frei werdende Anwesen wird sofort verkauft, und zwar mit Sicherheit zu einem exorbitanten Preis. Was der Käufer in erster Linie bezahlt, ist natürlich das Baurecht. Geld zu 16 oder 17 Prozent Zins aufzunehmen, um ein Areal für fünf- oder sechstausend Pfund pro Hektar zu kaufen und von diesem Land dann zu leben, ist freilich absurd. Kein Anbau (außer dem von Marihuana oder Opium), keine Viehzucht brächte so viel Gewinn, daß man auch nur seine Zinsen bezahlen könnte. Aber man kann es auch so sehen: Jemand zahlt dreißigtausend Pfund für ein Haus in einem Vorort Londons. Warum sollte er für ein Haus auf dem Land nicht ebensoviel bezahlen? Der Umstand, daß zu letzterem auch noch fünf Hektar Land gehören, ist ohne Bedeutung.

Das Problem ist, daß es solche Anwesen jetzt kaum mehr gibt; sie kommen gar nicht mehr auf den Markt. Lösen kann man die Frage nur politisch. In England und Amerika durchgeführte Untersuchungen haben immer wieder gezeigt: Je größer die Fläche eines Agrarbetriebes, *desto geringer ist der Hektarertrag.*

Wir sollten deshalb immer wieder Druck auf die Regierung ausüben. Sie muß es ermöglichen, daß Leuten Land zugänglich gemacht wird, die bereit sind, sich die nötigen Kenntnisse anzueignen, und die ernstliche Absicht haben, darauf zu leben und es zu bewirtschaften. Außerdem sollten wir uns für eine Änderung der Bauvorschriften einsetzen, damit jeder Bürger das Recht erhält, auf eigenem Land sich selbst ein Haus zu bauen – das Recht des Rotkehlchens und des Zaunkönigs.

Ich würde das Studium der Tätigkeit der »Land Settlement Association« (Landbesiedlungsgesellschaft) empfehlen. In den 20er oder 30er Jahren, der Zeit der Weltwirtschaftskrise, wurde vom Staat Land gekauft und dieser Gesellschaft zur Verfügung gestellt. Die Gesellschaft teilte es dann in Parzellen von etwa drei

Hektar auf, baute auf jeder ein kleines Haus und verpachtete sie. Jeweils vierzig bis fünfzig solcher Anwesen waren zusammengruppiert. Jede der Gruppen hatte einen Manager, der ein etwas größeres Haus bewohnte und sehr großen Einfluß auf die Aktivitäten der Pächter hatte. Was sie benötigten, beschaffte er im Großeinkauf (und damit zu günstigen Bedingungen); ihre Erzeugnisse verkaufte er ebenfalls zu günstigeren Bedingungen, als sie sie einzeln erzielt hätten.

Bei Kriegsausbruch gingen viele der Pächter, die zum größten Teil aus den Bergbaugebieten in Nordengland gekommen waren, in die Gruben zurück, weil dort viel Geld zu verdienen war. Letztlich waren sie ja Bergleute, und wenn ein Mann einmal dieser anspruchsvollen Berufung gefolgt ist, neigt er dazu, alles was er vielleicht danach über Tage tut, unbefriedigend zu finden. Jedenfalls gingen die Leute weg, und ortsansässige Bauern, denen sie schon immer ein Dorn im Auge gewesen waren, konnten nun kopfschüttelnd ausrufen: »Es ging nicht – ich hab's ja schon immer gesagt.«

Von der »Land Settlement Association« (L.S.A.) hört man seitdem nichts mehr. Warum? Das Thema ist jetzt ohne Neuigkeitswert. Der Platz der Ex-Bergleute wurde sofort von anderen Leuten eingenommen; sämtliche Siedlungen existieren noch, genauso wie jedes einzelne Anwesen, und Pleiten sind praktisch unbekannt. Vor jedem der winzigen, ziemlich langweilig wirkenden Häuschen steht ein nicht allzu bescheidenes Auto, und auf den Dächern sind gewaltige Fernsehantennen; von diesen winzigen Farmen läßt sich durchaus gut leben. Sie sind nicht im Gespräch, weil die Medien nicht von ihnen berichten, und wie in so vielen anderen Fällen gilt auch hier: Keine Nachricht bedeutet gute Nachricht.

Gut möglich, daß der Staat das »L.S.A.«-Programm erweitern oder ein anderes, auf ähnlichen Prinzipien basierendes Vorhaben aufziehen könnte. Daß der ursprüngliche Plan mit seinem ziemlich in die Einzelheiten gehenden Reglement bei heutigen Siedlern noch Anklang fände, darf man bezweifeln. Er ging, wahrscheinlich zu Recht, von der Annahme aus, daß die damaligen Siedler ohne ständige Anleitung und Kontrolle scheitern würden; deswegen war das Programm so straff organisiert. Die Häuschen wurden alle von einem Architekten entworfen und nach den gleichen

Zeichnungen gebaut. Es ist sehr schwer, sie zu vergrößern, und für individuelle Wünsche bleibt kein Platz. Die Häuschen der örtlichen Umgebung anzupassen, bemühte man sich erst gar nicht. Daß die Pächter ihr Anwesen schließlich kaufen, sieht der Plan nicht vor, und so bleibt ihnen die Befriedigung, Besitzer eigenen Grundes zu sein, verwehrt. Trotz dieser Nachteile war das Programm ein voller Erfolg. Für Hunderte junger Leute war es die unterste Stufe der Leiter zur eigenen Landwirtschaft oder Gärtnerei; anderen hat es auf Lebenszeit zu Haus und Erwerb verholfen. Obendrein wurde auf diese Weise ein Teil des produktivsten Kulturlandes dieser Nation geschaffen.

Studieren sollte man außerdem den »County Council Smallholding Scheme« (»Bezirks-Kleingüter-Plan«). Landkreise konnten große Farmen kaufen und sie in Anwesen von meist etwa zwanzig Hektar aufteilen. Auch hier hören wir nur von Pleiten. Die meisten Betriebe wurden von Landarbeitern oder nachgeborenen Bauernsöhnen übernommen, die sie unglücklicherweise nach völlig orthodoxen, kommerziellen Methoden bewirtschafteten. Viele von ihnen hatten – und haben noch immer – ein zwar sauer verdientes, aber ausreichendes Einkommen. Eine Anzahl jedoch ist abgewandert, und in einigen Fällen hat die Bezirksverwaltung die Anwesen an benachbarte Großbauern verkauft, die eine Menge Geld dafür bezahlten. Würden *heute* Parzellen von zwei bis vier Hektar angeboten – der neue Typ der in der Stadt geborenen Siedler würde sie sich auf der Stelle schnappen, sehr gut darauf leben *und* die Pacht bezahlen. Und wenn es später eine Kaufmöglichkeit gibt, um so besser.

Mancher Leser dieses Buches wird sagen: »Gut, aber was hat das alles mit mir zu tun – ich möchte *jetzt* ein kleines Anwesen, kann aber keines kriegen, und langfristige politische Lösungen trösten mich überhaupt nicht.« Darauf kann ich nur antworten: »Ich kann ein Buch wie dieses hier schreiben, eine Unmenge guter Ratschläge geben und meine besten Wünsche zum Ausdruck bringen. Aber ich bin *nicht* Premierminister, ich mache keine Gesetze und bin auch nicht mit magischen Kräften begabt. Ginge es nach mir, dann würde Landbesitz von mehr als vierzig Hektar mit einer abgestuften, aber drakonischen Steuer belegt, und die Großgrundbesitzer wären dadurch *gezwungen*, ihr Land auf den

Markt zu werfen. Die einschränkenden Bauvorschriften würde ich abschaffen. Vorerst aber – vorerst … bleibt nichts, als die Interessierten zu veranlassen, ihrem Anliegen bei Parlament und Verwaltung Nachdruck zu geben und mit allen Mitteln zu kämpfen.« Eines steht fest: Land in großen Stücken kommt billiger als in kleinen Parzellen. Allerdings betätigen sich jetzt auch bedeutende Finanzgesellschaften in großem Maßstab als Landaufkäufer. Die Preise, die sie bezahlen, machen deutlich, daß sie das Land nicht kaufen, um es zu *bewirtschaften,* wenngleich sie sich den Anschein zu geben versuchen, als hätten sie solche Absichten. Trotzdem ist der Hektar-Preis in der Regel niedriger, wenn man viel Grund erwirbt, als wenn man nur wenig kauft. Deshalb ist es der Überlegung wert, ob man sich nicht mit anderen zusammentun und eine große Farm kaufen kann, die man dann aufteilt. Und wenn nur ein Haus darauf steht, ohne daß es eine Baugenehmigung für weitere gibt? Nun, notfalls können sich mehrere Familien über mehrere Jahre hinweg in ein Haus teilen, oder Wirtschaftsgebäude können, entweder mit oder ohne Baugenehmigung, bewohnbar gemacht werden. Tatsache ist, daß eine *wirklich entschlossene Gruppe* Wohnraum auf einer solchen Farm finden sollte. Irgendwo kann man unterkommen. Schließlich sind die Wohnverhältnisse nicht das Entscheidende. Entscheidend sind Land, Tiere, Ausrüstung und günstige Arbeitsbedingungen. Wohnhäuser genehmigt zu bekommen, ist vielleicht schwierig, doch müßte es möglich sein, Betriebsgebäude zu errichten. Ein Mann in Cornwall baute einen Bungalow für seinen Esel. Die Behörden wollten ihn zwingen, den Bau niederzureißen, wogegen er sich mit der Begründung wehrte, es sei ein Wirtschaftsgebäude – für die Beherbergung eines Esels. Man fragte ihn: »Wozu braucht ein Esel ein Bad?« Er erwiderte: »Mein Esel ist ein sauberer Esel und badet ebenso wie sonst jedermann.« Man fragte ihn: »Wozu braucht ein Esel Gasherd und Spüle?« Er gab zur Antwort: »Ich liebe meinen Esel, und deshalb gehe ich zu ihm und koche ihm ordentliche Mahlzeiten, und anschließend spüle ich ab.« Schließlich gab die Bezirksverwaltung nach, die es müde war, sich zum Narren halten zu lassen; sie erteilte dem Mann die Genehmigung, so daß er trotz allem in dem Haus wohnen konnte. Der Esel ist sicherlich auch im Freien glücklich und frißt auf der Wiese Disteln.

Ich finde, daß viele von den Leuten, die wegen eines Umzugs aufs Land Rat von mir einholen wollen und deshalb mich besuchen oder mir schreiben, furchtbar *umständlich* und *pedantisch* sind. Sie haben sich eine Vorstellung von ihrem idealen Kleinanwesen zurechtgelegt, und etwas anderes gibt es für sie nicht mehr, trotz des Umstandes, daß dieses Anwesen nur in ihrer Phantasie existiert. Ist man mit einem imaginären Anwesen zufrieden, so ist das völlig in Ordnung. Möchte man aber ein wirkliches, dann muß man Kompromisse und noch einmal Kompromisse eingehen. »Ausgeschlossen – wir können die Küche nicht mit anderen teilen«, sagte sie, oder: »Wir brauchen Meeresnähe oder einen Wasserlauf auf dem Grundstück oder ein Haus im ›Georgian Style‹ für uns ganz alleine, oder ein Strohdach, und ohne ein Klo mit allen Schikanen geht es einfach nicht.« Man stelle sich vor: Ich benutze jeden Tag meinen Abortkübel und lese dabei »Farmers Weekly«, und ungefähr alle drei Tage ist es eine Arbeit von Minuten, den Kübel hinauszutragen und seinen Inhalt in einem Komposthaufen zu vergraben, wo er nützlich ist, statt ins Meer gespült zu werden und die Fische zu verseuchen.

Wer also wirklich die feste Absicht hat, aufs Land überzusiedeln, wird feststellen, daß er sich mit vielem abfinden kann, mit dem weniger motivierte Leute sich nicht abfinden. Ein Haus und Nebengebäude mit anderen zu teilen, das könnte dazugehören. Wie man so etwas organisieren kann, darauf werde ich später noch eingehen.

Natürlich ist es schön, wenn man ein Wohngebäude inmitten seines Anwesens hat. Aber in vielen, ja sogar in den meisten Teilen der Welt ist das anders. Bauern wohnen zum Beispiel in einem Dorf und gehen oder fahren mit dem Fahrrad oder dem Ochsenkarren Kilometer hinaus ins Land, um ihre verstreuten Äcker zu bearbeiten. So war es im England des Mittelalters. Heute wohnen in unseren Moorgebieten viele Farmer im Dorf und begeben sich von dort auf ihre mehr oder weniger entfernt liegenden Felder. Da die meisten von ihnen keine Tiere halten, ist dieser Umstand für sie ohne jede Bedeutung. Meiner Ansicht nach ist es besser, wenn man inmitten seiner Äcker haust – soweit möglich; aber auch für das Leben in einer Gemeinschaft spricht vieles. Wenn der französische oder spanische Bauer von der Arbeit nach Hause kommt, dann kehrt er zurück in die Wärme und Geborgenheit eines Dorfes, wo seine Frau mit der Nachbarin zanken kann, während er im Café Domino spielt und politisiert und seine Kinder mit vielen anderen Kindern ihren Spaß haben.

Warum ich das erwähne? Ich meine, daß jemand, der sich seinen Herzenswunsch – das Einfamilienhaus auf eigenem Grund – nicht erfüllen kann, als Kompromiß durchaus ein Haus in einem Dorf nehmen sollte und ein paar Felder in gewisser Entfernung. So mancher Bauer, der ein bißchen in Schwierigkeiten geraten ist, verkauft ein oder zwei Felder eines großen Anwesens, für die es keine Baugenehmigung gibt. Eine ganze Menge Grund ist als »Ausweichland« auf dem Markt. Es handelt sich dabei um Weiden, auf denen für eine bestimmte Zeit ein Viehhändler Rinder unterbringen kann oder ein Schafzüchter eine Herde, während er seinem eigenen Land Gelegenheit gibt, sich zu erholen. Wäre es eine schlechte Idee, solch einen Grund zu kaufen, auch wenn man in einer gewissen, noch annehmbaren Entfernung davon wohnt? Sie könnten vielleicht ein in oder bei einem Dorf gelegenes Bauernhaus mieten oder kaufen. Gut, es ist nicht genau das, was Ihnen vorschwebt. Dann müssen Sie eben auf Ihrem imaginären Traumanwesen leben, und das wollen Sie schließlich auch nicht. Und noch eine Überlegung: Sobald Sie erst einmal ein Stück abgelegenes Land in der Hand haben, können Sie immerhin hoffen, daß eines Tages das restriktive Genehmigungsverfahren abgeschafft wird, so daß Sie das Haus Ihrer Träume bauen können. Behalten Sie diese Möglichkeit im Auge, wenn Sie das Land bewirtschaften. Lassen Sie Raum für ein Wohnhaus frei, wenn Sie Wirtschaftsgebäude hinstellen (daran kann Sie niemand hindern), forsten Sie auf, pflanzen Sie Baumreihen, die Ihre Gebäude abschirmen, bearbeiten Sie das Land intensiv, damit deutlich sichtbar wird, daß es wirklich produktives, genutztes Land ist – und dann suchen Sie um eine Baugenehmigung nach. Ihr Antrag wird wahrscheinlich abgelehnt werden. Legen Sie Berufung dagegen ein. Wird sie abgewiesen (was wahrscheinlich ist), stellen Sie einen neuen Antrag mit leicht verändertem Wortlaut. Legen Sie wieder Berufung ein. Beweisen Sie Ausdauer; ermüden Sie die Behörden. In der Zwischenzeit können Sie sich des Lebens freuen, in einem nahegelegenen Dorf wohnen und zumindest *so tun,* als wohnten sie mitten auf Ihrem Grund. Sie können natürlich einen Caravan darauf aufstellen und so manche Nacht darin verbringen, wenn Sie wollen. Illegal? Sie *wohnen* ja nicht in dem Caravan – Sie haben ihn nur dort abgestellt. Das ist nicht illegal – noch nicht.

Es gibt eine weitere wichtige Überlegung bezüglich der Erreichung des Zieles, die schon dem einen oder anderen Leser dieses Buches durch den Kopf gegangen sein mag. Sie bezieht sich auf den Umstand, daß die Betreffenden kein Geld haben.

Ich kenne einen ehemaligen Arzt, der ein Leben dieser Art führen wollte. Wie die meisten Ärzte hatte er einiges Geld, wenn auch nicht genug. So verpflichtete er sich bei einer Ölgesellschaft für eine dreijährige Tätigkeit in Libyen. Er fand es dort einer Hölle auf Erden ähnlich und blieb nicht die ganze Zeit, schaffte es aber, genügend Geld zu sparen, um sich hier in der Nähe ein kleines Anwesen kaufen zu können. Er kommt augezeichnet damit zurecht, ist glücklich und bedauert gar nicht, kein Pillenautomat mehr zu sein für Leute, die in Wirklichkeit nur harte Arbeit, Bewegung, frische Luft und weniger Selbstmitleid bräuchten.

Ich kenne einen jungen Mann, der ein Jahr auf meiner Farm zubrachte und uns dann verließ, um sich ein kleines Anwesen zu kaufen; das nötige Geld hatte er in dreijähriger Arbeit als Programmierer verdient. Ein anderer Mann ging nach Saudi-Arabien und arbeitete dort ein paar Jahre. Ein junger Portugiese fällt mir ein, der auf Bohrinseln in der Nordsee arbeitete. Mit dem Geld möchte er nach Hause zurückkehren, um dort auf seinem eigenen, kleinen Gehöft ein Leben in Würde zu leben. Ich kenne eine Reihe Angestellter – und auch ein paar Arbeiter –, welche die Hälfte ihrer Lebensarbeitszeit in ihren Berufen schufteten und die Hypothek für ein Haus in der Stadt abzahlten. Sie konnten alle das Geld für ein kleines Anwesen aufbringen, indem sie ihre Häuser verkauften. Ich bin fest überzeugt, daß jemand, der sich ein Ziel gesetzt hat und dieses Ziel mit dem Einsatz seiner ganzen Kraft anstrebt, es auch erreicht, wenn er ein Mensch von normaler Gesundheit ist. Unterprivilegierte wird es in dieser Welt immer geben, und wir sollten mit ihnen fühlen und ihnen helfen. Wenn wir im vollen Besitz unserer Fähigkeiten und Kräfte sind, sollte uns das aber nicht daran hindern, uns selbst und unseren Kindern ein besseres Leben einzurichten und ein Stück Land zu bewirtschaften.

Durch den ständigen Anstieg der Bodenpreise – sie sind längst über die Marke geklettert, bis zu der es einem Berufslandwirt noch möglich ist, die Zinsen für das geborgte Kapital zu bezahlen (denn der Zinsfuß steigt auch) und darüber hinaus seinen Lebensunterhalt zu verdienen – wird es immer schwerer, Land zu bekommen. Dennoch müßte es genügend davon für Leute geben, die es wirklich wollen und auch bewirtschaften können. In Großbritannien gibt es eine beträchtliche Anzahl von Gütern mit einer Fläche von viertausend Hektar (= 40 000 qkm!) und mehr. Ein solches Gebiet kann ein Mensch während der Dauer seines Lebens nicht einmal richtig kennenlernen – es ist eine riesige Fläche. Die Zahl von Farmen mit fünfhundert, tausend oder fünfzehnhundert Hektar steigt ständig. Solche Farmen können aber nur mit einem gewaltigen Aufwand an Maschinen, Chemikalien und Brennstoff bewirtschaftet werden. Tritt hier eine Unterbrechung des Nachschubs ein, dann ist dieses Land in großer Gefahr: Eine Hungersnot droht in wenigen Wochen. Im Zweiten Weltkrieg schaffte es Großbritannien, die Hälfte seiner Nahrungsmittel selbst zu produzieren – aber das war *vor* der Zeit des gewaltigen petrochemischen Aufwands. Heute gehört er zur Landwirtschaft, genauso wie die Zusammenlegung von Betrieben und die Vollmechanisierung. Würden wir morgen von der Ölversorgung abgeschnitten, dann müßte dieses Land nach der nächsten Ernte verhungern – es sei denn, wir brächten die Amerikaner dazu, uns gratis zu ernähren.

Dieser Tendenz zu immer größeren Betrieben Einhalt zu gebieten, ist äußerst dringend. Groß ist nicht schön – es ist höchst gefährlich.

3 Wege, die sich anbieten

Kein zukünftiger Siedler ist wie der andere. Die einen haben viel Geld, die anderen keines. Die einen wissen genau, wo sie sich niederlassen wollen, die anderen nicht. Die einen wollen große Gärten, die anderen wollen große Anwesen. Die einen wissen, wie sie Geld verdienen werden, die anderen nicht.

Nun glaube ich behaupten zu können, daß ich mehr Siedler kenne als sonst irgend jemand auf dieser Welt. Ich bin bei ihnen gewesen – in England, Irland, Schottland und Wales, Nordamerika, Frankreich, Deutschland, Italien, Spanien, in Österreich und in der Schweiz. Darüber hinaus habe ich mit Hunderten von zukünftigen Siedlern gesprochen, die meine Bücher gelesen haben und mich besuchten. Das Nützlichste, was ich tun kann, ist also wohl, diese Erfahrung einzubringen, wenn es darum geht, jemandem, der sich auf dem Land eine neue Existenz aufbauen will, die Frage zu beantworten: Wie fang' ich's an? Ich werde die diversen Möglichkeiten unter verschiedenen Gesichtspunkten betrachten: *Warum? Wann? Wo? Mit wem? Wieviel Land? Welche Gebäude? Woher das Geld? Welcher Anbau? Welche Tiere?*

Warum?

Wer sich auf dem Land Heim und Existenz schaffen will, sollte nichts unternehmen, ehe er sich nicht über seine Gründe für diesen Wechsel klar geworden ist. Im ersten Kapitel haben wir verschiedene mögliche Motivationen besprochen, und zweifellos gibt es noch viele andere. Mein Standpunkt ist: Wenn Sie trotz allen Bemühens keinerlei altruistisches Motiv finden, lassen Sie's sein. Schlagen Sie sich die Idee aus dem Kopf. Eine Selbstversorger-Existenz auf dem Lande kann ihrem Wesen nach keine nur auf das Ich ausgerichtete Lebensform sein. Wer so leben will, muß dem

Land dienen und allen Geschöpfen darauf. Aus rein eigensüchtigen Gründen ein solches Leben zu führen, heißt auf eine unvermeidliche Katastrophe hinsteuern. Da ist es besser, man bleibt in der Stadt und arbeitet weiter als Programmierer oder baut sich eine Kette von Waschsalons auf. Wer vorhat, sich als Selbstversorger auf dem Land anzusiedeln, sollte vielleicht für vierzig Tage und Nächte (oder jedenfalls ein paar Wochen) in die Wildnis gehen und sich über seine wirkliche Motivation ganz klar werden.

Wann?

Die Wahl des jeweils richtigen Zeitpunkts ist von allergrößter Bedeutung.

In Thoreaus »Walden; or Life in the Woods« gibt es eine wundervolle Passage, in welcher der Autor schildert, wie ein junger Mann, von dem Wunsch beseelt, Dichter zu werden, für ein paar Jahre von Zuhause fortgeht, um Geld für seinen Lebensunterhalt zu verdienen. Thoreau bemerkt: »Er hätte besser daran getan, gleich in sein Dachstübchen hinaufzusteigen.« Mit anderen Worten: Die jahrelange Schufterei hätte seinen Werdegang als Dichter alles andere als gefördert. Seine Muse hätte das nicht überstanden, und alles Geld der Welt hätte sie nicht wieder ins Leben zurückbringen können.

Eine autarke Existenz auf dem Lande zu führen, ist nicht das Gleiche wie Gedichte zu schreiben, obwohl Ähnlichkeiten bestehen und beides sich ganz gut miteinander verträgt. Aber ein Dichter braucht kein Land, um seine Kunst darauf auszuüben.

Wenn Sie Land kaufen wollen, dann sollten Sie vielleicht möglichst bald Ihren Fuß in die Tür des Grundbesitzertums stecken – je eher, desto besser.

Ich erinnere mich noch gut an den Augenblick, als ich aus dem Krieg zurückkehrte (aus dem Zweiten Weltkrieg, falls mich jemand für noch älter hält, als ich ohnehin bin). Ich bekam eine – wie mir damals schien, hübsche – Abfindung für meine sechs Jahre bei der Armee; dazu hatte ich so viel von meinem Hauptmannssold, von der Kolonialzulage, Frontzulage, Burmakriegszulage usw., wie nicht der Ginration zum Opfer gefallen war. So erwog ich den Kauf einer Farm. Doch dann dachte ich: Nein! Den Fehler mache ich nicht. Denn mir fielen die Heimkehrer des Ersten

Weltkriegs ein. *Sie* wollten das auch, zahlten Wucherpreise für Land – gut fünfzig Pfund pro Hektar und hundert Pfund für ein Arbeitspferd. Aber dann kam die Wirtschaftskrise der Nachkriegszeit. Die Bodenpreise fielen, bis die Armen ihr Land gerade noch herschenken konnten, und gute Ackergäule gingen für £ 10 an belgische Schlachthöfe. Tausende der neuen Farmer waren pleitegegangen. Ich würde nicht in diese Falle gehen. Also kaufte ich mir ein Boot, auf dem ich auch wohnte, und fuhr damit herum, wann und wohin ich Lust hatte. Und die Bodenpreise stiegen und stiegen, und dieser Anstieg hat bis heute nicht aufgehört. *Hätte* ich damals Land gekauft, ich hätte mir eine ausgedehnte Farm mit vielen Maschinen leisten können und wäre jetzt ein großer Farmer. Jedenfalls ging ich dann wieder an Land, allerdings ohne Geld: Mein Erspartes hatte ich durchgebracht – und so mußte ich Land *pachten*. Acht Jahre lang lebte ich auf diesem Pachtland und sah zu, wie die Bodenpreise immer höher und höher kletterten. Schließlich verschuldete ich mich in meiner Verzweiflung bis über die Ohren und *kaufte* für £ 4250 eine Farm. 1946 hätte mich die gleiche Farm £ 400 gekostet. Ich darf gar nicht daran denken, was sie jetzt wert ist – bestimmt mehr, als ich jemals in meinem Leben brauche. Oder ich könnte, wenn ich gewußt hätte, was ich jetzt weiß, eine Achtzig-Hektar-Farm im besten Gebiet meiner Heimat Suffolk für das Geld gekauft haben, das ich während des Krieges zurückgelegt hatte. Auch für Maschinen und Vieh hätte es noch gereicht, und heute würde ich in einem dicken Auto herumfahren.

Aber hätte ich das denn gewollt? Die Antwort ist nein. Ich möchte kein Großbauer sein, weder in Suffolk noch sonstwo. Ich zähle mehrere Großfarmer zu meinen Freunden, und Leute mit größerer Arbeitsbelastung und schlimmeren Sorgen kann man sich fast nicht vorstellen. Ihr Leben verbringen sie am Telefon oder im Farmbüro – sie haben nicht einmal Zeit, sich in die mit einer Klimaanlage ausgestattete Kabine eines ihrer riesigen Traktoren zu setzen und wie ihre Schlepperfahrer über Kopfhörer Stereoklänge zu lauschen. Das ist kein Leben, wie es mir vorschwebt. Ich bin geradezu froh, keine große Farm gekauft zu haben, als das noch möglich war. Ich bin froh, eine kleine gekauft zu haben, und zwar genau zu dem Zeitpunkt, als ich es tat. Ich bin froh, nicht bis *jetzt* gewartet zu haben, denn jetzt könnte ich *keine* Farm mehr bezahlen, sei sie groß oder klein. Für meine persönlichen Zwecke war das Timing gerade richtig. Wie wichtig dieses Timing ist, geht, glaube ich, aus dieser meiner Geschichte hervor.

Wenn Sie *jetzt* eine Farm kaufen – sind Sie dann sicher, daß Sie es niemals bedauern werden, die geplante Reise nach Indien verschoben zu haben – vielleicht für immer? So etwas will gut überlegt sein.

Wo?

Mein Vorschlag ist, daß Sie sich gut nach einer geeigneten Gegend umsehen (auch hier gibt es nichts Vollkommenes) – wenn Sie nicht schon klare Vorstellung haben. Ist das der Fall, dann sind Sie in einer glücklichen Lage.

Ich bin schon immer ein Landkarten-Träumer gewesen. Ich hole mir einen Atlas oder eine Landkarte, setze mich darüber, starre darauf und versuche, mir anhand dessen, was ich auf der Karte sehe und was ich weiß, vorzustellen, wie die verschiedenen Gebiete aussehen könnten. Und dann träume ich davon, daß ich unbedingt dort sein möchte – dort und nirgendwo anders auf der Welt ...

Einem entschlossenen Menschen steht praktisch die ganze Welt offen. *Theoretisch* ist es wegen der Einwanderungsgesetze usw. in den meisten Ländern nicht möglich, sich dort niederzulassen. Allerdings habe ich überall in der Welt Leute kennengelernt, die trotz der Einwanderungsgesetze in bestimmten Ländern leben. Theoretisch ist es nicht möglich, hinter dem Eisernen Vorhang eine Selbstversorger-Existenz zu führen. Ich bin mir jedoch ziemlich sicher, daß sich jemand, der die richtigen Aussichten hat – oder zu haben vorgibt –, hinter dem Eisernen Vorhang einrichten könnte, wenn er es wirklich wollte. In Kalifornien lernte ich mehrere Engländer kennen, die von Rechts wegen gar nicht dort hätten sein dürfen. Einer von ihnen lebte schon achtzehn Jahre dort. Und warum soll man nicht seine Phantasie gebrauchen? Ich kannte einen Mann, der in der Nähe von Batticaloa an der Ostküste Ceylons lebte. Er hatte ein Stück Land mit ein paar Kokosnußpalmen darauf, lebte aber hauptsächlich von Krabben, die man dort ohne Schwierigkeiten in riesigen Mengen in Stauwassern fangen kann. Er war ein ehemaliger Eton-Schüler. Einen glücklicheren Menschen habe ich nie in meinem Leben gesehen. Wer einen guten Platz will, kann ihn nicht nur in der nächsten Nachbarschaft finden.

Es gibt noch ein anderes Problem, das hier zu beachten ist, und auf das ich in einem späteren Kapitel noch näher eingehen werde. Man muß sehr achtgeben, eine örtlich gewachsene Kultur nicht zu ihrem Nachteil zu verändern oder gar zu zerstören. Wie der Siedler die Tiere respektieren muß, die auf seinem Land leben, so muß er auch die lebendige Kultur der Menschen respektieren, die seine Nachbarn sind. Läßt man sich in einer neuen Umgebung nieder, so tritt man ein in die gewachsene Kultur dieses Gebietes und muß sich behutsam verhalten, denn es gilt, das Erbe einer langen Reihe vergangener Generationen zu bewahren. Aber Neusiedler können auch einen hilfreichen Einfluß auf die örtliche Kultur ausüben. Viele dieser Kulturen können nicht überleben, wenn ihnen nicht frisches Blut zugeführt wird, neue Ideen, Jugend und Hoffnung.

Wer in seiner engeren Heimat nichts Geeignetes findet, der ist wahrscheinlich gut beraten, wenn er in ein »neues«, relativ leeres Land geht. Länder wie Kanada, Australien und Neuseeland sind jetzt bestrebt, die Zuwanderung einzuschränken. Ausnahmen macht man für Leute wie Zahntechniker, die man unbedingt zu benötigen glaubt. Damit haben diese Länder unrecht. Sicher ist es vernünftig, wenn sie zu verhindern suchen, daß noch mehr Städter in ihre überbevölkerten Millionenstädte strömen. Siedler jedoch, die gewillt sind, das Land zu bebauen, sollten ihnen willkommen sein. Die Natur verabscheut die Leere. Dämme können brechen, und die Folgen sind dann äußerst unangenehm. Es gibt sehr übervölkerte Länder in der Welt. Dennoch glaube ich, daß jemand, der wirklich feste Vorsätze hat, immer noch in jene Gebiete auswandern kann, die man in sorgloseren Zeiten die »Kolonien« nannte. Er müßte es eigentlich fertigbringen, den Fuß in die Tür zu setzen und dort zu bleiben, Land zu erwerben, die betreffende Nationalität anzunehmen und sich eine Existenz zu schaffen. Ich weiß, daß das so ist, weil ich viele Leute kenne, die das getan haben. Wer fragt, welche offiziell vorgesehenen Möglichkeiten es gibt, sich in irgendeinem Land niederzulassen, der wird fast immer eine negative Antwort erhalten. Man muß einfach hinfahren –

irgendeine Art Visum gibt es fast immer – und dann zusehen, ob man es nicht irgendwie schaffen kann, dort zu bleiben. Ich kenne eine junge Frau, die vor sechs Jahren mit einem Sechs-Monate-Visum nach Nordkalifornien ging. Sie ist immer noch dort.

Hochland oder Flachland? Auch das will gut überlegt sein. Möchte man in einer Berggegend leben oder in einer fruchtbareren, leichter zu bewirtschaftenden, tiefer gelegenen Region? Ich selbst habe im Hochland und im Flachland Landwirtschaft betrieben und kann dem Leser versichern, daß der höhere Bodenpreis im Flachland absolut gerechtfertigt ist. Auf einem Hektar guten Landes in East Anglia konnte ich mehr ernten als auf fünf Hektar des steinigen Landes, das ich jetzt habe. Aber neben dem Gesichtspunkt der Fruchtbarkeit gibt es auch noch andere Überlegungen. Vielleicht sind Ihnen die Berge einfach lieber? Vielleicht wollen Sie in erster Linie Weiden, nicht Ackerland?

Auf das Für und Wider verschiedener Teile der Welt werde ich in einem späteren Kapitel eingehen. Schon jetzt aber möchte ich dringend raten: Überlegen Sie wirklich gut, bevor Sie irgendwelche Entscheidungen treffen.

Mit wem?

Sie können das Unternehmen alleine wagen, mit dem Ehegatten oder dem Ehegatten und der Familie, mit einem Partner, dem Sie vertrauen. Es geht auch mit einer Gemeinschaft, einer Kommune (gesetzt, es gibt da einen Unterschied) oder einer irgendwie andersgearteten Gruppe.

Viele können sich einfach nicht vorstellen, mit anderen Leuten auf einem Stück Land zu leben, ja nicht einmal, mit ihnen darauf zu arbeiten, abgesehen vielleicht von den Mitgliedern ihrer eigenen Familie. Ich kann das verstehen. Fünfzehn Jahre lebte ich allein mit meiner Familie, und das ging sehr gut. Wir waren glücklich, und es machte Spaß. Viele Leute jedoch (eine wachsende Anzahl) können sich nicht vorstellen, nur als »Kernfamilie« auf dem Lande zu leben. Sie würden sich zu beengt vorkommen. Auch das kann ich verstehen. Was diese Leute wollen, ist wirklich eine Kommune: eine größere Familie aus Erwachsenen und Kindern, in denen alle Erwachsenen körperlich oder geistig die Eltern sämtlicher Kinder sind. Soviel ich weiß, funktioniert das auch manchmal, meistens allerdings nicht. Funktionieren kann es mit Leuten, die verschworene Anhänger ein und derselben Religion sind. Funktionieren kann es auch in einer eingeschlechtlichen Gemeinschaft. Männer- und Frauenklöster sind so organisiert, viele schon seit einem Jahrtausend. Über eines muß man sich klar sein: Wo es Sex gibt, gibt es auch Eifersucht. Vielleicht werden manche Kommunen mit dieser Eifersucht fertig. Israelische Kibbuzim funktionieren zum Beispiel.

Es gibt auch die Nachbarschaftsgemeinschaft von Einzelpersonen oder Kernfamilien. Mein Eindruck ist, daß dies häufig funktioniert, öfters sogar sehr gut. Ich gebe folgender Lösung den Vorzug: ein eigenes Heim mit meiner eigenen Familie darin, mein eigenes Stück Land, aber zusätzlich Nutzung von Land in Gemeinschaftsbesitz, ein gemeinschaftlicher Maschinenpark (zehn Familien, die zehn Hektar Land bewirtschaften, brauchen keine zehn Traktoren) und ein paar Gemeinschaftsgebäude. Das mittelalterliche Gutssystem in England war ein gutes Beispiel dafür – wenn man die krasse Ungleichheit zwischen dem Gutsherrn und den anderen Leuten außer acht läßt. Es funktionierte lange Zeit gut, und das System war – unter dem Lord – ein Beispiel echter Demokratie. Echte Demokratie bedeutet, daß jedes Mitglied einer Gemeinschaft zu Themen, die es angehen, zumindest seine Meinung sagen kann. Es wäre leicht – und interessant –, heute noch einmal so etwas wie ein mittelalterliches Gut aufzubauen – mit oder ohne den Lord.

Welche der genannten Möglichkeiten man auch wählt, es gibt in jedem Fall sehr viele Für und Wider. Die einsame Kernfamilie kann existieren, wird sich aber wahrscheinlich keines sehr hohen Lebensstandards erfreuen und muß viel zuviel schwere Arbeit auf sich nehmen. Andererseits ist es in Ordnung, wenn man für selbsterrungene Erfolge Lob einheimst und für selbst zu verantwortende Fehler Tadel bekommt, wenn man seinen eigenen Karren in den Dreck fahren und ihn wieder herausziehen kann – oder es bleiben läßt, je nach Lust und Laune. Enge Zusammenarbeit mit anderen Leuten ist äußerst schwierig, aber schwierige Dinge sind ja manchmal sehr lohnend.

Es kommt auch vor, daß eine Familie ihr eigenes, einsames Stück Land erwirbt und dann feststellt, daß es gar nicht so einsam ist. Denn die Anzahl der Menschen nimmt zu. Mit ähnlich gesinnten Nachbarn wird es spontane Zusammenarbeit geben, und diese Zusammenarbeit kann organisch zu etwas sehr Gutem, Selbstverständlichem wachsen.

Bevor Sie jedoch einen Schritt tun, der nicht mehr rückgängig zu machen ist, sollten Sie sich ernsthaft die Frage »Mit wem?« überlegen. Sie ist wichtig.

Wieviel Land?

Wieviel Land sollte man haben? Meiner Meinung nach wollen fast alle Neusiedler zuviel.

Professor F.H. King – er war im amerikanischen Landwirtschaftsministerium Leiter des Referats für Fragen der Bodennutzung und wußte somit wohl recht gut, wovon er redete – hat ein ausgezeichnetes Buch[1] verfaßt, das künftige Siedler unbedingt gelesen haben sollten. Wer es kennt, weiß, daß in China eine große Familie damit rechnet, von 0,4 bis 0,8 Hektar Land leben zu können. King schildert eine ganze Reihe von zwölf- bis fünfzehnköpfigen Familien, die auf weniger als einem Hektar Land ein auskömmliches, wenn auch einfaches Leben führen. Natürlich – sie tun das im warmen Süden, das wissen wir, wo man im Jahr zweimal Reis und dann noch eine dritte Ernte einbringen kann. Es gilt aber *auch* für den Norden, wo das Klima viel rauher ist als bei uns.

Möglich ist das. Ich würde mich anheischig machen, die *Hälfte* des jährlichen Lebensmittelbedarfs einer Familie in einem durchschnittlichen Schrebergarten zu erzeugen. Ich würde es mit sehr intensivem Tiefbeetanbau, Kaninchen und Hühnern tun. Einen Teil des Tierfutters würde ich zukaufen; die Tiere würden Dünger für mein Land liefern.

Die Frage, wieviel Land man braucht, will wirklich gut überlegt sein. In einer gesunden Wirtschaft sollte das Land meiner Ansicht nach eine große Anzahl von Menschen ernähren, die wirklich darauf leben (d.h. nicht nur Leute, die irgendwoanders sind). Deshalb finde ich es ganz unannehmbar, daß eine Einzelperson ein größeres Gebiet bewirtschaftet – es sei denn, sie tut es mit vielen Helfern, denen das Land ihren Lebensunterhalt gibt. Der Farmer,

[1] »Farmers of Forty Centuries« – vgl. S. 101.

für den ich als Junge arbeitete, ernährte auf seinen vierzig Hektar seine eigene Familie und noch sechs andere. Das finde ich annehmbar. Jetzt gehört sein Land zu achthundert anderen Hektar; ein Mann trifft dort die Entscheidungen, vier weitere schaben mit riesigen Traktoren darüber und besprühen es ständig mit Gift. So etwas finde ich völlig indiskutabel. Diese Landschaft hat ihre Schönheit verloren, die Lebensqualität in diesem Gebiet ist gesunken, und letztlich verliert dieses Land seine Seele. Ein Piktenhäuptling sagte von den Römern: »Sie schaffen eine Wüste und nennen es Frieden!« Diesen Ausspruch könnte man abwandeln: »Sie schaffen eine Wüste und nennen es Fortschritt.«

Ich halte es also nicht für gerechtfertigt, daß jemand mehr Land hat, als er für seinen eigenen Lebensunterhalt braucht – es sei denn, er läßt auch andere Menschen darauf leben und arbeiten. Gegen den ehrlichen Familienbetrieb habe ich nichts.

Natürlich kommt es darauf an, was Sie wollen. Wollen Sie die Hälfte der von Ihnen benötigten Lebensmittel produzieren oder Ihren ganzen Bedarf? Soll die Lebensmittelproduktion für andere Menschen nur zum Teil oder ausschließlich Ihre Erwerbstätigkeit sein? Meiner Meinung nach gibt es so etwas wie eine »Weizenbarriere«. Jemand kann sich vornehmen, seine Lebensmittel selbst zu produzieren – jedenfalls soweit es sich um pflanzliche Nahrung handelt –, und meistens geht das ganz gut, bis er versucht, seinen eigenen Brot-Weizen anzubauen. Jetzt könnte er nämlich feststellen, daß er sich da auf etwas viel Schwierigeres und Komplizierteres einließ, als er gedacht hatte. Es gibt auch die »Milchkuh-Barriere«, die »Rinder-Barriere« und die »Käse-Barriere«. Halten Sie sich einen australischen Papagei, dann sind Sie angebunden. Wollen Sie das? Wenn Sie sich eine Kuh halten wollen, brauchen Sie dafür fast einen halben Hektar Land – außer Sie kaufen Futter von einem fremden Acker. Für ein Arbeitspferd braucht man ungefähr einen Hektar.

Gewiß, man kann dieses Problem auf zwei verschiedene Arten angehen. Die erste ist, festzustellen, wieviel Land man wirklich braucht, und es sich dann zu beschaffen. Die Alternative ist, einen Grund zu finden, der einem gefällt, ihn zu kaufen und dann seine Wirtschaft auf die vorhandenen Möglichkeiten einzustellen. Ich möchte nur empfehlen, sich diese Frage sehr sorgfältig zu überlegen. Wenn jemand eine große Farm kauft, den überwiegenden Teil des Landes abschneidet und ihn an den benachbarten Großbauern verkauft, so ist das fast schon wie Mord. Diese Farm ist das Ergebnis der Arbeit von Leuten, die mehr geleistet haben als Sie, und Sie haben kein Recht, sie aus selbstsüchtigen Augenblicksgründen heraus zu vernichten.

Welche Gebäude?

Die Praxis läuft sicher meist darauf hinaus, daß man sich mit den Gebäuden abfindet, die man eben gerade auf dem erworbenen Land vorfindet. Dennoch ist es wichtig, daß man dieser Frage die gebührende Aufmerksamkeit schenkt, wenn man ein größeres oder kleineres Anwesen kauft.

Gewiß, Bauten kann man errichten, aber das wird immer teurer. Selbst wenn man die ganze Arbeit selbst tut und an Ort und Stelle vorhandenes Material verwendet, kostet das sehr viel Zeit – und Zeit ist für den Neusiedler sehr kostbar. Wie wollen Sie Ihren Kohl hacken, wenn Sie schon vollauf damit beschäftigt sind, Holzkohle herzustellen, um damit Ziegel zu brennen? Wenn Ihnen also durch Erbschaft ausgedehnte Wirtschaftsgebäude und ein geräumiges Wohnhaus in den Schoß fallen, dann haben Sie wirklich gewaltiges Glück.

Wie für vieles andere gilt Parkinsons Gesetz auch für Gebäude. Auf Gebäude angewendet, lautet es: »Der Benützer findet für alle vorhandenen Häuser einen Verwendungszweck.« Ich habe noch nie einen echten Selbstversorger kennengelernt, der glaubte, genügend Gebäude zu haben. Ganz gleich, wieviele Schuppen ich auf meine Farm stelle, ein Teil der Maschinen steht immer draußen im Regen.

Wenn man sich bemüht, ein Anwesen zu erwerben, stellt man bald fest, daß viele Käufer nur für das Flächenmaß zahlen und Umfang und Qualität der Bauten kaum berücksichtigen. Angenommen, Sie zahlen hunderttausend Mark für ein Stück Land von acht Hektar. Vielleicht brauchen Sie einen Kuhstall und eine Scheune. Letztere kann um die vierzigtausend Mark kosten, wenn sie von einem Bauunternehmen errichtet wird. Das ist schon fast die Hälfte des Kaufpreises für den Boden. Sie sollten also das Gebäudeproblem wirklich gut überdenken.

Vielleicht haben Sie Sorge, daß ältere Gebäude einstürzen oder einen großen Unterhaltsaufwand erfordern. Nun, unser Kuhstall sah schon vor fünfzehn Jahren, als ich ihn mir zum ersten Mal anschaute, so aus, als wolle er im nächsten Augenblick einstürzen. Inzwischen hat er praktisch keine Reparaturen gebraucht. Das Dach ist ziemlich undicht, und ein großer Teil der Balken ist morsch, aber der Stall dient immer noch seinem Zweck und würde es wohl noch weitere fünfzehn Jahre tun, wenn ich das wollte. Erschrecken Sie also nicht allzu sehr, wenn an Dachstuhl und Balken ein wenig die Fäulnis nagt. Uns selbst ereilt ja eines Tages das gleiche Schicksal, und wenn ein paar alte Gebäude so lange halten, daß Sie über die ersten schwierigen Jahre kommen – wenn sie dann einstürzen, haben sie doch ihren Zweck erfüllt. Der alte Heustadel, den wir hier übernahmen, stürzte ein paar Jahre, nachdem wir uns hier niedergelassen hatten, tatsächlich ein. Eines Tages – es war völlig windstill, nur ein leichter Landregen tropfte – schaute ich zum Fenster hinaus und sah die Scheune einfach zusammenbrechen. Es war ein sehr eindrucksvoller Anblick. Immerhin hatte der Stadel unser Heu so lange trocken gehalten, daß wir uns nun einen neuen leisten konnten.

Bevor Sie sich um ein Anwesen umsehen, sollten Sie vielleicht auf einer *Liste zusammenstellen,* was an umbautem Raum erforderlich ist, z. B.:

Haus mit mehreren Schlafzimmern
Platz zum Brauen
Melkplatz für zwei Kühe
Kälberstall
Schuppen für zwei bis drei Tonnen Heu
Kornspeicher
Mühle
Geräteschuppen
Stall
Raum für Ihre Druckerpresse und den Webstuhl der Tochter.

Denken Sie an diese Liste, wenn Sie sich Gebäude ansehen. Aber – ein Element der Hoffnung – wenn Sie finden, daß Sie wirklich sehr unter Druck stehen: Sie können ein benötigtes Gebäude schon rasch und auch billig hinstellen, wenn Sie sich wirklich bemühen und das richtige Temperament haben.

Welche Erwerbstätigkeit?

Dies ist ein Problem von allerhöchster Bedeutung, an das man aber auf die verschiedenste Weise herangehen kann. Das Beste ist wahrscheinlich, wenn man sich sagt: »Irgendwie muß ich mein Geld verdienen, und ich sollte mir wohl darüber klar werden, wie, bevor ich meine jetzige geregelte Tätigkeit aufgebe.« Überraschend groß ist freilich die Anzahl der Leute, die ihren Job einfach aufgeben, ohne dieses Problem überdacht zu haben, und dann feststellen, daß ihnen irgendeine Möglichkeit, das bißchen nötige Geld zu verdienen, tatsächlich irgendwie in den Schoß fällt.

Neusiedler sind im allgemeinen Leute von überdurchschnittlichen Fähigkeiten und Geistesgaben, und gewöhnlich fällt es ihnen nicht schwer, irgendeine Dienstleistung zu finden, für die der Rest der Welt ihnen Geld bezahlt. Manchmal wird so eine Person feststellen, daß sie ihre alten, in der Stadt erlernten Fertigkeiten auch in der neuen Umgebung gebrauchen und sie in Form von Teilzeitarbeit verwenden kann, so daß auch noch Zeit zum Leben bleibt. Nehmen wir als Beispiel den Ex-Buchhalter, der anderen Bauern Bücher führt und ihre Steuererklärungen macht, den ehemaligen Zahnarzt, der in sehr beschränktem Ausmaß Patienten versorgt und dafür bezahlt wird, den Ex-Architekten, der ein bestimmtes Quantum an einschlägiger Arbeit übernimmt und feststellt, daß er sehr gut im Erwirken von Baugenehmigungen ist, weil seine Pläne so gut aussehen und er den Fachjargon beherrscht. Ich kenne viele solche Leute, und bei ihnen funktioniert das sehr gut.

Dann gibt es noch jene, die etwa sagen: »Mein Stadtberuf als Pudelhändler wird in Hintertupfing wenig gefragt sein. Deswegen lerne ich etwas Neues.« So jemand kann sich, manchmal mit Hilfe des Staates, zum Antiquitätenrestaurator umschulen lassen oder zum Kunsttischler, Schweißer, Traktorenmechaniker, Hufschmied, Sattler, zum Küfer oder tausend anderen Berufen. Wenn er sein Handwerk versteht und diszipliniert genug ist, um es regelmäßig auszuüben, ist ihm der Erfolg sicher. Gute Handwerker finden sich nicht annähernd genug auf der Welt.

Natürlich gibt es auch Leute mit genügend Geld, deren Kapital nicht nur zum Kauf eines Anwesens reicht, sondern auch für eine Investition in ein gewinnbringendes Unternehmen. Man kann eine

Pension betreiben, Ferienwohnungen vermieten oder in der nächsten Kleinstadt einen Waschsalon einrichten usf. Ich weiß von vielen Leuten, die aufs Land gezogen sind, daß sie erfolgreiche Geschäfte machen und gleichzeitig Selbstversorger sind.

Manche Neusiedler wollen richtiggehend Berufsbauern oder -gärtner werden. Ich kenne ein bemerkenswertes Paar, dessen männlicher Partner Erster Geiger in einem Orchester war. Die beiden haben eine sehr kleine Herde höchst leistungsfähiger Jersey-Kühe und produzieren Käse, Butter und Buttermilch von ausgezeichneter Qualität, wofür sie ausgezeichnete Preise erzielen. Ihre materiellen Verhältnisse sind recht gut, aber der Geiger gibt in seiner freien Zeit auch noch ein paar Stunden Unterricht.

Wer sein Geld als Bauer oder Gärtner verdienen will, dem rate ich, sich auf diese Tätigkeit gut vorzubereiten. Ganz gleich, was für eine Art von Landwirtschaft man betreiben möchte: man darf nie vergessen, daß man in direktem Wettbewerb mit jedem anderen Bauern auf der Welt ist, der das gleiche Erzeugnis produziert. Ich kenne einen Farmer, der seit dreißig Jahren auf sechzehn Hektar Grund Rosenkohl anbaut und kaum davon leben kann. Wie können Sie in Konkurrenz zu ihm treten? Falls Sie es vorhaben, rate ich Ihnen dringend, sich ein gründliches Wissen über den Anbau von Rosenkohl anzueignen. Wenn Sie gleich Artischocken oder etwas ähnliches pflanzen, ist es noch besser.

Einen großen Vorteil hat der Neusiedler gegenüber dem Landwirt, der zeit seines Lebens Rosenkohl angebaut hat: Auf Grund seiner alternativen Lebensführung braucht er nicht viel Geld. Wer seine Ansprüche reduziert, erzielt damit den gleichen Effekt, als wenn er mehr Geld verdient.

Was anbauen?

Auch diese Frage bedarf sehr sorgfältiger Überlegung. Von den Vor- und Nachteilen einzelner Bodenprodukte, bzw. verschiedener Arten der Tierhaltung soll in einem späteren Kapitel die Rede sein (vgl. Kap. 10, S. 125). Wollen Sie sich allein oder als Einzelfamilie niederlassen, sollten Sie sich sehr genau darüber im klaren sein, wieviel Arbeit Sie auf sich nehmen wollen. Gerste anzubauen, zu dreschen, die Spreu zu beseitigen, sie zu mälzen, zu vermaischen und Bier daraus zu brauen, erfordert viel Wissen, gesunden Menschenverstand und einige technische Ausrüstung. Sind Sie sicher, daß Sie sich an so etwas heranwagen wollen? Wenn man aus Getreide Brot machen will, verhält es sich ebenso. Keinerlei Schwierigkeiten bereitet es hingegen, Kartoffeln anzubauen, zu ernten oder zu essen. Das gesamte für eine Kuh erforderliche Futter zu produzieren, erfordert Überlegung, Kenntnisse und Geschick. Kaufen Sie Futter zu, dann haben Sie immer noch billige Milch – und mit dem Kuhdung läßt sich die Fruchtbarkeit Ihres Landes erhöhen. Wollen Sie sich eine Liste dessen aufstellen, was Sie anzubauen beabsichtigen, und sich dann nach dafür geeignetem Land umsehen? Oder wollen Sie sich ein Stück Land kaufen, das Ihnen gefällt, und dann entscheiden, was sich dort am besten anbauen läßt? Beides läßt sich in gleicher Weise vertreten. In jedem Fall aber ist sorgfältige Überlegung am Platze.

Was für Tiere?

Auch hier will alles gewissenhaft durchdacht sein. *Mögen* Sie Tiere? Haben Sie das richtige Naturell? Manche von den jungen Leuten, die auf meine Farm kommen, bemerken es sofort, wenn bei einem der unter ihrer Obhut stehenden Tiere auch nur das Geringste nicht stimmt. So etwas kann man nicht lernen – dazu wird man geboren. Es gibt andere, denen würde es gar nicht auffallen, wenn eine Kuh plötzlich mit nur drei Beinen daherkäme. Solche Leute täten besser daran, beim Gemüse zu bleiben.

Damit will ich nicht sagen, daß ein Mensch mit Tatkraft und Intelligenz nicht auch ohne angeborenes Talent die Kunst der Tierhaltung erlernen könnte. Es könnte ihm aber ungemein schwerfallen, und wenn er noch so intelligent ist. Allerdings bin ich der Meinung, daß manche Menschen (vor allem Frauen) ein *angeborenes* Gefühl für Tiere besitzen – eine Eigenschaft von unvergleichlichem Wert. Sind Sie einer von diesen Menschen?

4 Der Kauf: Erkundungen

Zweimal in meinem Leben stand ich vor der Aufgabe, ein kleines Anwesen zu finden, auf dem ich leben konnte – einmal in East Anglia und einmal in Wales. Es war beide Male nicht leicht, aber die Suche in Wales war deswegen noch viel schwieriger, weil ich damals in East Anglia zu Hause war; jeder Erkundungsvorstoß bedurfte einer Reise von hin und zurück tausend Kilometern. Aus den Erfahrungen heraus, die ich damals sammelte, und auf Grund meiner Kenntnisse der Schwierigkeiten vieler anderer Einzelpersonen und Gruppen bei der Suche nach Land würde ich folgende Schritte empfehlen:

Schritt 1
Gewinnen Sie zunächst Klarheit darüber, wo Sie leben wollen. Engen Sie den in Frage kommenden Bereich nach Möglichkeit ein. Haben Sie in dieser Hinsicht überhaupt keine Vorstellung, dann sollten Sie keinen Zeitaufwand scheuen, sondern in verschiedene Weltgegenden fahren und sich umsehen. Nehmen Sie einen längeren (unbezahlten) Urlaub, planen Sie eine Tour durch die Gegenden, die Sie interessieren könnten, und haben Sie keine Angst davor, eine Zeitlang ohne den gewohnten Komfort auszukommen. Vermeiden Sie Fremdenverkehrsgegenden und große Hotels – je mehr Sie sich von den ausgetretenen Pfaden entfernen, desto wahrscheinlicher ist es, daß Sie mit Ortsansässigen in Kontakt kommen. Ich würde hier kein Abenteuer scheuen, wenn ich noch einmal leben könnte. Ich würde mir Portugal gut ansehen, sicher auch die Toskana und etliche Gegenden Frankreichs. Haben Sie Gebiete wie Kanada, Australien, Neuseeland, Afrika oder die Vereinigten Staaten im Auge, dann können Sie zu deren Erkundung natürlich nicht eine Reihe von zweiwöchigen Ausflügen

veranstalten – *eine* Erkundungstour wäre vielleicht eine gute Idee. Wenn Sie Australien oder Neuseeland interessiert, müssen Sie vielleicht den großen Schritt wagen, alles zu verkaufen und ohne Gedanken an Wiederkehr hinzugehen. Fahren Sie einfach hin und überlegen Sie an Ort und Stelle, was Sie anstellen müssen, um bleiben zu können.

Entscheiden Sie sich für Europa, ohne eine präzisere Vorstellung zu haben, nehmen Sie einen Atlas, suchen Sie nach den wahrscheinlichsten Gegenden, verbringen Sie einen Urlaub dort, lernen Sie die Einheimischen kennen (denn das ist das Wichtigste). Wenn Sie sich in eine Gegend verlieben, dann sollten Sie eine entsprechende Entscheidung treffen und sich durch nichts mehr von ihr abbringen lassen. Warum? Weil Sie, wenn Sie Ihr neues Jerusalem erst einmal gefunden haben, Ihr Leben voll und ganz diesem Platz widmen müssen.

Sie müssen die Sprache oder den Dialekt lernen. Jeden Urlaub müssen Sie dort verbringen. Lernen Sie, die Leute zu lieben – trotz der Unvollkommenheiten, die Sie auch bei ihnen sicherlich antreffen werden. Idealisieren Sie sie nicht – sie sind nicht vollkommener als die Menschen irgendwo anders. Nehmen Sie sie so, wie sie sind, seien Sie geschmeichelt, wenn diese Leute Sie mögen, lernen Sie, Geschmack an ihrem Humor zu gewinnen (wenn es richtige Landleute sind, werden sie eine Menge Witze auf Lager haben; der größte Teil davon wird allerdings einem Stadtmenschen zunächst nicht verständlich sein). Achten Sie ihren Glauben, ihre Ansichten und Gebräuche und – ich wiederhole es – lernen Sie ihre Sprache.

Es gibt drei gute Verfahren, die unvermeidlichen Barrieren zwischen Stadtmensch und Landbewohner niederzureißen. Das erste ist Arbeit. Wenn Männer und Frauen zusammen auf Feldern schwitzen und sich mit guter, ehrlicher Arbeit abplagen, lernen sie einander verstehen. Arbeiten Sie im Urlaub auf Höfen im Gebiet ihrer Wahl, helfen Sie beim Heumachen, beim Einbringen des Getreides, bei der Traubenernte oder beim Pflücken anderer Früchte. Helfen Sie dem Mann auf dem Feld und der Frau in der Küche. (Ich weiß, daß das vielleicht anti-emanzipatorisch klingt, aber auf den meisten Höfen ist diese Einteilung üblich. Vielleicht finden Sie auch die Frau auf dem Feld, sicher aber nicht den Mann in der Küche.) Lassen Sie keinen Zweifel daran, daß Sie arbeiten wollen – selbst als zahlender Gast. Arbeitet man mit, dann ist das in jedem Fall viel befriedigender, als wenn man nur faul am Strand herumliegt.

Auch die Musik ist sehr gut dafür geeignet, Barrieren niederzureißen. Musik und Gesang sind etwas, das fast alle von uns mitmachen können. Wenn uns der Gesang unserer Nachbarn gefällt – und ihnen der unsere –, dann ist auf dem Weg zur Freundschaft ein gutes Stück zurückgelegt. Leute, die bis tief in die Nacht hinein zusammen gesungen haben, bleiben einander nicht fremd.

Bleibt noch das Trinken. Am schnellsten räumt man Barrieren beiseite, wenn man gemeinsam ins Wirtshaus geht, zusammen ein paar Gläser Bier oder Wein trinkt und lacht und scherzt und auf diese Weise einander näherkommt.

Viele Stadtleute sind eine etwas förmliche Art ihres Umgangs gewöhnt, und sich in der Gesellschaft von Landbewohnern wohlzufühlen, fällt ihnen schwer. Wie oft habe ich das klägliche Scheitern von Kommunikationsversuchen beider Seiten beobachtet! Ein paar Krüge Bier können helfen, diese störenden kulturellen Hindernisse beiseitezuräumen.

Wenn Sie Abstinenzler sind, werden Sie vielleicht finden, daß Kirche, Tempel oder Moschee ein Tor zur Gemeinschaft sind. Ich selbst habe das noch nicht ausprobiert, mit einer Ausnahme allerdings: Im Pandschab (Indien) pflegte ich einmal im Monat die ganze Nacht dortzusitzen und dem Gesamtwerk Kabir Sahibs zu lauschen, das ein alter Mann zur Begleitung einer einsaitigen Gitarre vortrug. Meine Beziehung zu den Dorfbewohnern entwickelte sich sehr gut, und sie boten mir ernsthaft zehn Hektar Land und eine Frau, wenn ich bei ihnen bliebe. Nicht selten wünsche ich mir, ich hätte ihr Angebot akzeptiert.

Aber eins nach dem anderen. Vorläufig sind wir noch bei der Frage, welches Land oder welche Gegend man wählen soll. Ihrer Bedeutung nach würde ich meine Überlegungen in folgender Reihenfolge anstellen:

a) *Ethnische Herkunft.* Auf der ganzen Welt hat eine bedauerliche Wanderung vom Land in die großen Städte eingesetzt, aber deren Straßen sind, wie Neuankömmlinge bald feststellen müssen, doch nicht mit Gold gepflastert. Es wäre wirklich gut, wenn sich diese Wanderbewegung umkehrte. Meiner Ansicht nach wäre es von Vorteil, wenn von den Stadtleuten, die sich auf ihre Herkunft besinnen, so viele wie möglich zu ihrem ländlichen Ursprung zurückkehren. Ich gehöre zu den Leuten, die aus dem oder jenem Grund nicht einmal den Versuch machen können, ihre Wurzeln aufzuspüren. Hätte ich aber, bevor ich begann, von ethnischen Ursprüngen in irgendeinem Gebiet gewußt, hätte ich mich ohne Zögern dorthin gewandt.

Warum? Weil es in allererster Linie dieses Land ist, dem ich all meine Treue und Loyalität widmen könnte.

b) *Soziale Integration.* Gettos früherer Stadtbewohner in fremden Gebieten sind etwas Trauriges. Soll so eine Verpflanzung erfolgreich sein, so kommt es vor allem darauf an, daß der auf diese Weise Verpflanzte die Ortsansässigen mag und versucht, einer von ihnen und damit auch Teil der lokalen Kultur zu werden. Dieser Prozeß kann länger als eine Generation dauern, aber das Ziel sollte man niemals aus den Augen verlieren.

Ich muß hier noch einmal auf etwas zurückkommen, wovon schon die Rede war. Das Thema ist so wichtig, daß ich immer wieder darauf eingehen werde. Gehen Sie mit der örtlichen Kultur so behutsam wie möglich um. Überschwemmen Sie sie nicht mit einer Flut Ihrer eigenen Landsleute, sondern versuchen Sie mit Liebe und Demut, in sie aufgenommen zu werden. Nichts ist trauriger als jene kleinen Gruppen englischer Männer und Frauen, die als Rentner oder von den Erträgen ihrer Wertpapiere und Aktien in Mittelmeerländern leben. Sie spielen Bridge, verachten die Einheimischen, mögen einander nicht und können schließlich auch sich selbst nicht mehr ausstehen. Ich versuche hier in Wales ein guter Siedler zu sein, widme, was ich an bescheidenen Talenten besitze, meiner neuen Heimat und akzeptiere und respektiere die Kultur der Menschen, die hier lebten, ehe ich kam. Ich bemühe mich, als Gleicher unter meinen walisischen Nachbarn zu leben. Kürzlich widerfuhr mir die Ehre, bei der Beerdigung eines von ihnen als Sargträger fungieren zu dürfen.

Daß die Zuwanderung von Stadtleuten aufs Land problematische Auswirkungen haben kann, weiß ich. Das zeigt sich ganz deutlich in meiner Gegend. Auf den Schulhöfen wird das Walisische durch Englisch verdrängt, was sich für die alte Sprache verheerend auswirken könnte. Das liegt, wie ich glaube, hauptsächlich am Fernsehen und weniger an den Neusiedlern, aber letztere spielen dabei sicher auch eine Rolle. In Italien und Frankreich gibt es Gegenden, wo der Einfluß der aus den Städten zugezogenen Menschen die gleichen Bedrohungen mit sich bringt. Andererseits bin ich der Ansicht, daß dieser Einfluß der Rückwanderer der örtlichen Kultur helfen und sie enorm bereichern kann. Es kann zu einer fruchtbaren Wechselbeziehung zwischen den Zuzügern und den Alteingesessenen kommen und damit zu einer Wiederbelebung alten Kulturguts. Allerdings ist das nur möglich, wenn die Neusiedler der alten Kultur mit Respekt und Bescheidenheit gegenübertreten. Leider ist das oft nicht der Fall.

Wählen Sie also ein Gebiet, dessen Einwohner Sie schätzen und lieben können. Dies ist von größter Bedeutung.

c) *Eignung für den relativ geringen Einkommenserwerb,* den Sie brauchen. Ich als Autor kann mein Geld überall in der Welt verdienen. Sally kann das als Töpferin wahrscheinlich auch. Ich nehme an, daß jeder Mensch mit irgendwelchen Fachkenntnissen und viel Phantasie und Schwung praktisch überall auf der Welt das Geld verdienen kann, das er benötigt. Leute, die sich mit Sanitär- oder Elektroinstallation, Traktorenwartung, Bootsbau, Fahrzeugreparaturen usw. auskennen, braucht man schließlich in Portugal genauso wie anderswo. Manche Fähigkeiten kann man freilich nur in bestimmten Gebieten verwerten.

d) *Eignung von Boden und Klima* für Anbau und Tierzucht. Natürlich hat es wenig Sinn, sich in Norwegen niederzulassen, wenn man Trauben pflanzen will.

Dennoch wage ich die Behauptung, daß für die meisten Leute Boden und Klima keine so große Rolle spielen, wie sie annehmen.

Natürlich ist es schön, in der Mittelmeersonne unter seinen Weinranken zu sitzen und es sich wohlsein zu lassen. Aber ist das wirklich für jemand, der aus der Stadt weggeht, das einzige denkbare Ziel? Sich der Herausforderung des Klimas zu stellen, wie es weiland unsere Vorfahren taten, ist überall eine lohnende Aufgabe. Dem Boden und dem Wasser ihren Unterhalt abzuringen, das schaffen die Menschen im Norden Europas genauso wie die im südlichen Frankreich.

48

Boden und Klima habe ich an das Ende meiner Erfordernisliste gesetzt, weil die anderen Punkte weit wichtiger sind. Wenn Sie zum Beispiel finden, daß die Menschen auf den Orkney-Inseln das Salz der Erde sind, und wenn es deswegen Ihr größter Wunsch ist, unter ihnen zu leben, dann leben Sie auf den Orkney-Inseln und nehmen Sie die Vor- und Nachteile ihres Klimas bereitwillig hin. Gewiß, die Nächte auf den Orkneys sind lang, kalt und stockdunkel. Aber denken Sie an das Vergnügen, neben einem prasselnden Treibholzfeuer zu sitzen. Vergessen Sie nicht die Schönheit der langen, hellen Sommertage und die wundervolle Wirkung des von der See kommenden Lichts. Überlegen Sie, was es für eine Aufgabe ist, einem so kargen, sturmdurchtobten Gebiet seinen Lebensunterhalt abzutrotzen. Woher wissen Sie, daß das Blut in einem kalten, frischen Klima nicht stürmischer, freudiger durch Ihre Adern – und die Ihrer Kinder – fließt, als in einem heißen und drückenden? Ich meine, daß die Suche nach dem perfekten Klima nicht annähernd so wichtig ist wie die Suche nach der richtigen Kultur und den richtigen Menschen.

Schritt 2

Wir kommen nun zu dem nächsten Schritt, den ein Stadtmensch tun muß, wenn er sich neu auf dem Land ansiedeln will.

Haben Sie sich für eine bestimmte Region entschieden, dann müssen Sie sich jetzt nach dem Ort umsehen. Wenn Sie zu einem Grundstücksmakler gehen und sagen: »Ich suche einen Hof – irgend etwas von einem halben bis fünfzig oder hundert Hektar«, wird der Mann Sie höflich anhören, auf die Uhr sehen und sagen, daß er Sie benachrichtigen wird, wenn sich etwas ergibt. Danach werden Sie nie mehr etwas von ihm hören. Er nimmt Sie nämlich nicht ernst.

Überlegen Sie sich also möglichst genau, was für eine Art Grundstück Ihnen vorschwebt. Wollen Sie zwei oder fünf Hektar und ein großes Haus, sagen Sie es. Wollen Sie ein großes Haus und einen weitläufigen Garten, sagen Sie es ebenfalls. Teilen Sie dem Makler mit, wieviel Geld Sie zur Verfügung haben. Machen Sie ihm klar, daß sie es ernst meinen. Wenn er Ihnen Prospekte von zum Verkauf stehenden Grundstücken schickt, kostet ihn das jedesmal Zeit und Geld. Er wird nicht eine einzige Briefmarke aufwenden, wenn er nicht wirklich glaubt, daß Sie ernste Absichten haben. Wollen Sie ein Anwesen von hundert Hektar, dann sagen Sie es, und sagen Sie auch, warum Sie es wollen. Je genauer Sie ihn über Ihre Wünsche informieren, desto wahrscheinlicher ist, daß er Ihnen helfen kann.

Ich unterstelle, daß Sie nach erfolgter Entscheidung für ein Gebiet Ihren Urlaub und Ihre Freizeit stets dort verbringen. Lassen Sie alle Leute dort wissen, daß Sie einer von ihnen werden wollen. Wenn sie Sie mögen, werden sie Ihnen helfen. Einmal nahm ich einen alten irischen Anhalter mit, und ehe er ausstieg, hatte er mich praktisch überredet, fünfzig Hektar Torfmoor zu kaufen. Der Grund gehörte nicht ihm – er wollte einfach, daß ich dorthin zog und in seiner Nähe lebte. Wir hatten bei einem Pub gehalten, und ich hatte ein paar Melodien auf dem Akkordeon gespielt und wie ein Bär zur Flöte getanzt. Wenn Sie sich mit den Ortsansässigen anfreunden, werden sie höchstwahrscheinlich ein Gelände finden, das Sie kaufen können. Aber lassen Sie die Grundstücksmakler nicht ganz links liegen: Man kann nie wissen – vielleicht verschafft Ihnen einer davon das Land Ihrer Träume.

Für diese Suche brauchen Sie Zeit. Ihr Paradies fällt Ihnen wahrscheinlich nicht in den Schoß (obwohl das möglich ist – manche Leute haben halt Glück). Eine Suche aus der Ferne ist schwer.

Möglicherweise bedeutet das, daß Sie mit Ihrer Suche nicht richtig zu Rande kommen, ohne Ihren Job aufzugeben. Nun denn – dann geben Sie eben Ihre Arbeit auf. Wenn Ihre Absichten wirklich ernst sind, verbrennen Sie Ihre Boote – überschreiten Sie Ihren Rubikon. Dann *müssen* Sie die Sache durchziehen, und Sie werden es tun. Ist es Ihnen nicht ernst, dann lassen Sie es. Geben Sie die ganze Idee einfach auf.

Aber die Suche nach dem richtigen Gelände ist wirklich eine sehr ernstzunehmende Angelegenheit. Schnappen Sie sich nicht einfach das erste Grundstück, das man Ihnen anbietet, es sei denn, Sie wären *ganz* sicher, daß es das ist, was Sie wollen. Einen übereilten Schritt könnten Sie vielleicht später bitter bereuen. Denken Sie daran: Dem Platz, den Sie wählen, sollte Ihr Herz gehören. Zwischen diesem Stück Boden und Ihnen sollte sich eine innige Wechselbeziehung entwickeln. In Wirklichkeit wird nicht der Boden Ihr Eigentum sein, sondern Sie werden dem Boden gehören. Sie werden ihm für den Rest Ihres Lebens getreulich zu dienen haben. Wer ständig kauft und verkauft und von Grundstück zu Grundstück hüpft, ist einfach kein Siedler. Er schlägt keine Wurzeln und erringt sich niemals den aufrichtigen Respekt seiner Nachbarn.

Wenn Sie an den Kauf eines bestimmten Grundstückes denken, überlegen Sie die folgenden Punkte. Füttern Sie den imaginären Computer in Ihrem Hirn damit und sehen Sie zu, welches Ergebnis herauskommt.

Das Gelände

a) Werden Sie imstande sein, das Gelände zu mögen? Finden Sie es schön? Können Sie sich vorstellen, darauf glücklich zu sein? Könnten Sie ihm Liebe und Treue bewahren?

b) Der Boden. Überlegungen zum Bodenwert werden wir in einem späteren Kapitel anstellen. Wenn Sie aber zum Beispiel eine Gärtnerei aufbauen wollen oder wenn Ihnen Ihr Garten einfach von ganz besonderer Wichtigkeit ist – kaufen Sie keinen sehr lehmigen oder steinigen oder sumpfigen Boden oder Land, das zu hoch und exponiert liegt.

c) Die Gebäude. Wird es Sie ein Vermögen kosten, mit der Trockenfäule fertig zu werden? Sind Aufwendungen für neue Gebäude erforderlich, weil die bestehenden nicht ausreichen? Wenn Sie das Anwesen billig genug bekommen, sind diese Fragen vielleicht ohne große Bedeutung. Es kann besser sein, wenn man ein günstigeres Anwesen erwirbt und dann noch Geld für neue Gebäude oder die Restaurierung der alten hat. Diese Art von Problemen ist es, die Ihr geistiger Computer zu lösen hat.

d) Das Wasser. Ein Punkt von äußerster Wichtigkeit. Ich kannte einen Mann, der sich hoch in den Bergen ein Haus kaufte und dann feststellen mußte, daß in trockenen Sommern regelmäßig das Wasser ausblieb. Für ihn war das ein gewaltiger Nachteil. Hätte er sich von anderswoher Wasser zupumpen lassen, wären die Kosten immens gewesen.

Im allgemeinen ist Wasser aus der eigenen Quelle dem Wasser aus dem Leitungsnetz unbedingt vorzuziehen. Letzteres ist in der Regel stark chloriert und häufig auch mit dem giftigen Fluor versetzt, und – man muß es bezahlen. Wasser aus Ihrem eigenen Boden oder vom Hof Ihres Nachbarn oben am Berg enthält gutartige Bakterien (an die man sich bald gewöhnt) und kein Chlor, und es gehört wirklich Ihnen.

e) *Die Umzäunung.* Wenn Sie Ihre eigenen Tiere am Davonlaufen oder andere Tiere am Eindringen hindern wollen, kommt es auf eine gute Umzäunung an. Angesichts der heutigen Preise von Draht und Holz ist sorgfältige Überlegung am Platze. Wenn Sie also ein uneingezäuntes Anwesen kaufen und einen Zaun benötigen, werden die Kosten vielleicht höher, als Sie sich das vorgestellt hatten.

f) *Die Drainage.* Moor- und Sumpfland ist nicht zu viel nutze. Betrachten Sie nicht jedes Stück Land einfach als »Land«. Verfallen Sie nicht in den Irrtum, ein Hektar Boden sei soundsoviel wert, ganz gleich, wo er liegt, denn das stimmt einfach nicht. Nasses Land ist schlechtes, nichtsnutziges Land, mit dem niemand viel anfangen kann. Gewiß, Sie können es möglicherweise entwässern (was gut und gerne siebentausend Mark pro Hektar kosten kann), aber selbst dann sind Sie keineswegs sicher, brauchbares Land zu bekommen. Ich selbst habe viel Geld und Energie mit Versuchen verschwendet, nicht drainierbares Land zu entwässern. Ein Hektar trockenes, steinfreies Ackerland ist heute viele tausend Mark wert, ein Hektar Sumpf möglicherweise so gut wie nichts. Geben Sie sich also da keinen Illusionen hin.

Was das kleine Problem der *Bezahlung* angeht – nun, da müssen Sie Ihren eigenen Weg finden. Meine jetzige Farm kaufte ich zur Gänze auf Kredit – ohne einen Penny Anzahlung. Als ich den Viehwagen für den Transport unserer Habe gekauft hatte, besaß ich keinen Penny mehr.

Das soll nicht heißen, daß es gut wäre, wenn Sie Ihr neues Leben mit Schulden beginnen. Wenn Sie wissen, daß Ihnen irgendeine Erwerbstätigkeit jährlich eine gewisse Summe einbringt, kann dieser Weg durchaus überlegenswert sein. Aber glauben Sie bitte nicht einen einzigen Augenblick, daß Sie aus irgendeinem legalen Acker- oder Gartenanbau genug Geld lösen, um bei den heutigen Kapitalkosten Zinsen und Tilgung des Kredits zahlen zu können, mit dem Sie den Kauf Ihres Landes finanziert haben. Mit keinem landwirtschaftlichen Anbau und keiner Viehzucht können Sie dieses Ziel auch nur annähernd erreichen. Als ich diese Farm kaufte, kalkulierte man mit fünf Prozent Zinsen. Zur Zeit bewegen sie sich in England um siebzehn Prozent. Warum schneidern Sie sich also nicht Ihren Mantel nach dem Stück Stoff, das Sie haben, und kaufen sich eben so viel Land, wie Sie wirklich bezahlen können? Oder tun Sie sich mit ein paar anderen Leuten zusammen und teilen Sie sich die Kosten eines größeren Anwesens. Oder gehen Sie fürs erste zurück in die Stadt und schuften eine Zeitlang weiter, bis Sie genug auf dem Konto haben.

5 Das Anwesen ist gekauft – was nun?

Nehmen wir an, wir hätten unser neues Anwesen gekauft und uns mit unserer Habe darauf niedergelassen. Da sind wir nun und kommen uns vor, wie sich Robinson Crusoe gefühlt haben muß, nachdem er an die Gestade seiner einsamen Insel gespült worden war.

Jetzt gibt es tausend Dinge zu tun. Aber Sie wissen einfach nicht, womit Sie anfangen sollen.

Nun – als wir auf unserer Farm in Wales angekommen waren und natürlich die Tiere vom Viehwagen heruntergeholt hatten, machten wir als erstes Feuer im Herd und kochten uns eine Mahlzeit darauf. Es dauerte einen Monat, bis wir das Haus so weit hergerichtet hatten, daß wir glücklich darin kochen konnten. Das hatte nichts mit unseren Vorgängern zu tun, die ganz großartige Leute waren, sondern vielmehr mit dem Umstand, daß das Haus ein Jahr lang unbewohnt gewesen war. Die Kamine steckten voller (bewohnter) Dohlennester, und auf den Fußböden lag Mist. Freilich, das Wetter war schön, und wir kochten gerne im Freien.

Ein walisischer Nachbar sagte einmal zu mir: »Ihr Engländer macht es immer falsch. Ihr kauft eine Farm und steckt dann euer ganzes Geld in das Wohnhaus. Einem walisischen Farmer ist das Haus völlig egal, solange er nicht einen anständigen Kuhstall, Zäune und Gatter gebaut und seine Weiden in Ordnung gebracht hat und ehe nicht eine anständige Kuhherde darauf herumläuft. Dann erst macht er sich Gedanken über die Bequemlichkeit seines Hauses.«

Wenn also Ihre Geldmittel begrenzt sind und die Farm schnellstens rentieren soll, machen Sie es nach Art des Walisers. Ich weiß noch, daß ich als erstes einen neuen Fußboden in den alten Kornspeicher zog, damit Sally ihn als Töpferwerkstatt benutzen konnte, und ihren elektrischen Brennofen in den Raum darunter einbaute. Ich wollte, daß sie so bald wie möglich Geld verdiente, um mich so bei Kräften und Laune zu halten, wie es mir meiner Ansicht nach zustand! Dann ging ich daran, für mich selbst Tisch und Stuhl zu schreinern. Diese Möbel stellte ich ebenfalls in der Töpferei auf, damit auch ich durch Schreiben ein wenig Geld verdienen konnte. Als nächstes kamen die Zäune dran. Aus Suffolk hatten wir eine Ladung Kastanienholzpfähle mitgebracht (sie stammten von Bäumen, die auf geheimnisvolle Weise aus den Wäldern eines benachbarten Großgrundbesitzers verschwunden waren). Durch den Ankauf eines Postens hoch zugfesten Drahtes stürzten wir uns noch tiefer in Schulden und zäunten ein Feld nach dem andern ein – weniger, um unsere klägliche eigene Herde zusammenzuhalten, als um die Rinder unserer Nachbarn auszusperren.

In diesem Stadium machten wir einen sehr gravierenden Fehler, der uns an den Rand des Bankrotts brachte. Wir beteiligten uns an einem Regierungsplan zur Landverbesserung sowie an einem Drainage-Plan, dessen Kosten zur Hälfte der Staat übernahm, während die andere Hälfte leider wir tragen mußten. Damals kam ein Freund – ein alter und weiser Zigeuner – in das Moor, das wir trockenzulegen versuchten. Er wollte sich ein Pferd ansehen, dessen Kauf er erwog. Und er sagte:»John, du wirfst dein Geld zum Fenster hinaus. Steck' es nicht in diesen Sumpf – gib es für *Vieh* aus, das *dir* Geld bringt, und dann kannst du deiner Frau schöne Kleider und Sachen fürs Haus kaufen.«

Ich hörte nicht auf ihn. Aber hiermit gebe ich seinen Rat an Sie weiter: Wenn Sie nicht Geld im Überfluß haben oder so viel Vieh, daß Sie wirklich mehr Weide brauchen – geben Sie keinen Pfennig für Bodenverbesserung aus. Wenn Sie als Landwirt beginnen und nicht so reich sind, daß Geld für Sie überhaupt nichts bedeutet, sollten Sie die verfügbaren Mittel für den Kauf von Vieh verwenden, weil es Ihnen bald Einnahmen bringt. Oder investieren Sie es in Ihren Anbau. Oder errichten Sie die Werkstätten, die Sie für Ihren Lebensunterhalt brauchen, und statten Sie sie mit dem Nötigen aus. Ich habe immer wieder erlebt, daß Leute den gleichen Fehler wie ich machen. Sie sehen ein Moor und denken an nichts anderes mehr, als es trockenzulegen. Sie sehen Steine und wollen sie unbedingt aus dem Boden holen. Sie sehen Ginster und Farn und spüren den unwiderstehlichen Drang, zu roden, zu pflügen und zu säen. Und sie tun es, bevor es wirklich notwendig ist ...

Ohne Tierhaltung gelten natürlich die gleichen Regeln. Sie brauchen für das Wort »Tiere« nur »Pflanzen« zu setzen. Geben Sie kein Geld für Bodenverbesserung aus, ehe Sie aus dem Land, so wie es ist, wirklich das Höchstmaß an Ertrag herausgeholt haben. Lassen Sie sich nicht von beamteten »Fachleuten« verführen. Kommen Sie selbst zu dem Schluß, daß Sie deren Rat für etwas brauchen, von dem Sie wirklich sagen können, daß Sie es wollen, wenn Sie die Sache mit nüchternem Geschäftssinn betrachten, dann rufen Sie sie und hören sie an. Dann fragen Sie einen alten Nachbarn, was er dazu sagt. Erlauben Sie staatlichen Experten nicht, Ihre Politik zu bestimmen – *die* sind in ihrem Leben niemals Bauern gewesen.

Ich erinnere mich noch gut, wie wir acht kleine Kälber, für die wir der Bank unsere Seelen verpfändet hatten, zu schönen Mastbullen herangefüttert hatten und sie dann umsonst dem Bodenentwässerungsunternehmen übereignen mußten, um seine Rechnung zu bezahlen. Ein Glück, daß wir sie überhaupt hatten – sonst hätten wir die ganze Farm verkaufen müssen. Aber wie schön wäre es gewesen, wenn wir sie hätten verkaufen können, um mit den fünftausend Mark einen Teil unseres Überziehungskredits zurückzubezahlen – oder, noch besser, mehr Vieh zu kaufen.

Vieh ist besser als Geld. Ernten sind besser als Geld. Denn verbesserter Boden, anständige Gatter, neue Zäune, neue Gebäude und vor allem eine bequemere Wohnung für den Siedler und seine Frau – das alles *bringt gar nichts ein*. Ich weiß, letztendlich brauchen Sie diese Dinge! Aber solange Sie noch irgendwie ohne sie auskommen können, sehen Sie zu, daß Sie ohne sie auskommen! Verwenden Sie Ihr Geld so, daß es produktiv arbeitet und Nahrung oder bare Mittel erbringt.

Ich habe verfolgt, wie sich Bauernsöhne auf neuen Anwesen niederließen, und dabei hat mich immer wieder der Gedanke bedrängt: Wie kann der Mann sich nur mit so primitiven Bedingungen, was Wohnung und Land anbelangt, abfinden? Aber dann sah ich, wie sein Viehbestand wuchs und wuchs und sein Erlös aus der Milchproduktion oder der Schaf- oder Rinderzucht ständig zunahm, und ich begriff, daß diese Leute recht daran taten, den ersten Schritt vor dem zweiten zu machen. Einer meiner Freunde hat nie in seinem Leben einen Pfennig für Zäune ausgegeben. Einmal fragte ich ihn, warum er sich kein Telefon einrichten ließ. Er sagte: »Was! Damit mich ständig sämtliche Nachbarn anrufen, um mir mitzuteilen, daß meine Schafe auf ihrem Land herumlaufen?« Es geht ihm wirklich sehr gut, viel besser als mir, und ich habe sowohl Telefon als auch Zäune.

Obige Bemerkungen gelten natürlich für Leute, die ihre Agrarwirtschaft bis zu einem gewissen Grade kommerziell betreiben möchten. Wollen Sie nur Ihre eigene Nahrung erzeugen, liegen die Dinge anders. Jedenfalls sollten Sie unbedingt zusehen, daß Sie aus Ihren guten Landstücken das Äußerste herausholen, ehe Sie anfangen, Geld für die Verbesserung Ihres schlechten Bodens auszugeben. Eine der wichtigsten Regeln, deren sich der Selbstversorger erinnern sollte, ist nach wie vor: Ein gesparter Pfennig ist ein verdienter Pfennig. Und da unsere merkwürdige Gesellschaft nun mal ist, wie sie ist, ist ein gesparter Pfennig paradoxerweise eher zwei verdiente Pfennige wert.

Da ist z. B. dieser Farmarbeiter unten im Tal, den ich kenne und der Fleischlämmer züchtet. Ich traf ihn beim Metzger, als er eine Lammkeule kaufte. (Warum war ich beim Metzger? Ich wollte seinen elektrischen Fleischwolf benützen, um mein Schweinernes durchzudrehen.) Ich fragte ihn, warum er als Schafzüchter Lammfleisch kaufe. »Nun, ich krieg' für meine lebenden Lämmer einen so guten Preis, daß ich einfach nicht widerstehen kann«, sagte er. Ich machte ihn darauf aufmerksam (anschließend im Pub – nicht gleich beim Metzger), daß er die Hälfte dessen, was er für eines seiner Lämmer bekam, für *eine Keule* ausgab!

Sie sehen: Wenn Sie etwas verkaufen und es zurückkaufen müssen (und das tat dieser gute Mann), dann müssen Sie für den Aufkäufer bezahlen, für den Transport (und zwar ziemlich viel), den Versteigerer, den Großhändler, wieder für den Transport, den Schlachthof, neuerlichen Transport, den Kleinhändler und weiß Gott wen und was sonst noch. Und jedes einzelne Glied dieser Kette zahlt *Einkommenssteuer* – genauso wie Sie.

Ich weiß, daß der Dorfmetzger leben muß, und diejenigen

Fleischer, die ich kenne, sind angenehme und nette Leute. Mein Freund Alwyn Owen, der mich so entgegenkommenderweise seinen elektrischen Fleischwolf benutzen läßt, gehört zum Salz der Erde: ein ausgezeichneter Sänger, ein großartiger Mann an Herz und Seele. Der Dorfmetzger hat eine sehr wichtige Funktion. Wenn ein Bauer einen Mastbullen schlachtet, kann er ihn nicht alleine aufessen. Er kann das Fleisch auch nicht als Vorrat aufbewahren, es sei denn, er hätte eine riesige Tiefkühltruhe: Er muß es mit seinen Nachbarn teilen. Bei wirklich guten Nachbarschaftsverhältnissen gab es früher ein gut entwickeltes System des Reihum-Schlachtens. Aber gute Nachbarn mußten es sein – weiß Gott! Zu leicht kommt man auf den Gedanken, daß das Stück Fleisch, das man an Ostern dem Meier gab, viel besser war als das, was er einem an Pfingsten gab, wenn es auch genausoviel wog! Nein, der Dorfmetzger erfüllt hier eine durchaus wichtige Aufgabe als ehrlicher Vermittler von Fleisch. Er kauft einem Bauern ein Rind ab, schlachtet es und verkauft es stückweise und mit *maßvollem Gewinn* an den, der etwas davon möchte. Er leistet einen wertvollen Dienst. Und wenn die Bauern Verstand haben, haben sie immer noch ein entscheidendes Druckmittel gegen den Metzger in der Hand, der Wucherpreise verlangt. Sie können immer noch selber schlachten und zum alten System der Gegenseitigkeit zurückkehren. Was ein Lamm anbetrifft – im Winter kann jede Familie ein fettes Lamm aufessen, ehe das Fleisch schlecht wird, wenn sie es nur an einem kühlen, gut gelüfteten Ort aufhängt. So hält es sich mindestens vierzehn Tage.

Mit der Frage der Eigenproduktion von Fleisch habe ich mich deswegen so ausführlich beschäftigt, weil die Prinzipien des Selbstversorgertums hier besonders deutlich werden.

Mein Rat an den Neusiedler ist dieser: Bringen Sie, sobald Sie sich auf Ihrem Anwesen niedergelassen haben, als allererstes das in Schwung, was Ihnen Geld einträgt. Dann, erst dann, fangen Sie an, Schritt für Schritt und nach einem Plan jene Produkte zu erzeugen, die Sie für Ihren eigenen Bedarf brauchen. Wenn also Ihre erste richtige Zwiebelernte reif ist, können Sie sich sagen: »In meinem ganzen Leben werde ich keine einzige Zwiebel mehr kaufen müssen!« Und das in allem Ernst. Im nächsten Jahr können Sie vielleicht dasselbe von Eiern sagen. Und so weiter, und so weiter. Wenn Sie also die ersten paar Jahre Ihres neuen Lebens überstanden haben, werden Sie feststellen, daß Sie – ganz gleich, ob Sie viel Geld *verdienen* oder nicht – zumindest nicht mehr so viel Geld ausgeben. Und Geld nicht auszugeben ist besser, als es zu verdienen. Wenn Sie ein Pfund Kartoffeln verkaufen, kriegen Sie vielleicht zehn Pfennig dafür. Gehen Sie in ein Geschäft und kaufen dort ein Pfund Kartoffeln, zahlen Sie sicher das Fünffache. Ich mag im Rechnen ja ziemlich schwach sein, aber so einen Unterschied merke ich auch.

Ich glaube, daß wir hier an das zentrale Geheimnis der ganzen Angelegenheit rühren: Der selbstversorgende Siedler versucht, sich so weit wie möglich von der Geldwirtschaft loszulösen. Will er in diesem Leben Erfolg haben, darf er nie zum Objekt des Geldes werden. Er wird Geld gebrauchen, wenn er das will, andererseits aber versuchen, so weit wie möglich ohne es auszukommen.

Kein einzelner Mensch, keine Familie, keine Kommune, keine Gemeinschaft kann all das produzieren, was uns heutzutage für ein angenehmes und glückliches Leben notwendig *erscheint*. Was brauchen wir wirklich und was brauchen wir nicht? Diese Frage sollten wir wirklich von neuem durchdenken. Die Natur und unser Stück Land können uns fast alles geben, wessen wir für ein angenehmes Leben wirklich bedürfen; freilich müssen noch ein paar andere Dinge dazukommen. Wenn wir unsere Bedürfnisse entsprechend eingegrenzt haben, sollten wir bei allen Dingen, die wir zu brauchen glauben, gründlich prüfen, ob wir ohne sie auskommen können oder ob wir sie selbst herstellen oder kaufen sollen.

Nehmen wir als Beispiel *Kartoffeln*. Wenn auch Cobbett[1] gegen die Kartoffeln zu Felde zog, sie »faule Wurzeln« und die Quelle aller möglichen Sünden und Verirrungen nannte, glaube ich persönlich, daß wir in unserer nördlichen Weltgegend die Kartoffel wirklich brauchen. Sie enthält viel Vitamin C, und man kann sie immer verwenden. Sollen wir Kartoffeln kaufen oder selbst anbau-

[1]William Cobbett, 1762–1835, kämpfte als »Freund des armen Mannes« – so der Titel einer seiner Schriften – für die Rechte der unteren Volksschichten. Anm. d. Ü.

en? Haben Sie sehr wenig Land, dann würde ich sagen, Sie sollten Ihre eigenen Frühkartoffeln pflanzen (weil die im Einkauf sehr teuer kommen) und sich den Rest dazubesorgen. Aber kaufen Sie sich die um Himmels willen in Säcken vom Bauern – nicht tütenweise beim Gemüsehändler, wo sie das Vierfache kosten oder noch mehr. Haben Sie mehr Land – nun, dann sollten Sie unbedingt auch die normalen Sorten selbst produzieren. Sie sind leicht anzubauen, gut für den Boden, und sie halten sich auch vorzüglich. Sie verlangen wenig Geräte und wenig Bearbeitung. Im Notfall können Sie sogar von ihnen leben: Wenn Sie Kartoffeln haben, werden Sie nicht verhungern.

Betrachten wir nun einen zweiten Gegenstand: *Seife*. Brauchen wir sie oder nicht? Sagen wir einmal, daß wir sie brauchen. Aber sollten wir sie selbst herstellen oder kaufen? Seife zu machen, ist nicht schwer: Man siedet Fett oder Öl mit Natronlauge, und das ist so ziemlich alles. Aber müßten wir dann die Natronlauge kaufen? Nun, wir könnten statt dessen Holzasche verwenden. Haben wir genug Fett? Es ist unsinnig, gutes Griebenschmalz zur Seifenproduktion zu verwenden, wenn man dann für die Küche Margarine einkaufen muß. Die Mutter des Farmers in Südwestafrika, bei dem ich eine Zeitlang arbeitete, pflegte aus Straußenfett Seife zu machen. Als ich einmal einen Löwen schoß, der schon ein paar Esel gefressen hatte, verwendete sie auch dessen Fett. Sie hatte das Fett also gratis; die Natronlauge freilich mußte sie kaufen.

Aber im Ernst: Wieviel Geld läßt sich im Jahr sparen, wenn man seine Seife selbst produziert? Und wieviel Zeit müssen Sie dabei investieren? Zeit, die Sie wahrscheinlich viel nützlicher darauf verwenden könnten, Spargel anzubauen (den Sie für teures Geld verkaufen oder selbst essen können) oder in Ihrem Beruf oder Handwerk zu arbeiten oder sich einfach in die Sonne zu legen.

Aber, werden manche einwenden, das wäre ja schlicht die Rückkehr zu einer völlig auf Bargeld basierenden Wirtschaft, wo jeder einfach die eine Tätigkeit ausübt, die er am besten kann, und alles, was er sonst noch benötigt, kauft. Aber das meine ich nicht. Wir leben in einer *Übergangsphase der Menschheit* und müssen für unsere Angelegenheiten eine *Übergangsregelung* treffen. Was mir vorschwebt, ist ein Land, in dem es – etwa in jeder Gemeinde oder jedem Bezirk – eine Gemeinschaft oder Familie gibt, zu deren Erwerbstätigkeiten die Seifenherstellung gehört, wobei die übrige Bevölkerung die benötigte Seife kauft oder eintauscht. Das scheint mir so ungefähr das anzustrebende Niveau der Spezialisierung zu sein, das den Leuten erlaubt, glücklich und zufrieden zu leben, und das jenes vernünftige Maß an Wohlstand erbringt, das wirklich den Bedürfnissen der Menschheit entspricht. Was ich ganz und gar ablehne, ist jener Grad der Spezialisierung, der zum Bau großer Seifenfabriken führt, deren Gestank kilometerweit die Luft verpestet. Dort zu arbeiten, muß die reinste Hölle sein. Sicher macht sie einen Menschen stinkreich – so reich, daß er keinerlei Chance mehr hat, ein gutes und angenehmes Leben zu führen.

Mit anderen Worten: Wir sollten die Vorzüge der Spezialisierung nützen, wo uns das Vorteile bringt. Welches Niveau wir anstreben, sollten wir allerdings selbst entscheiden: Von *blinden Kräften der Wirtschaft* dürfen wir uns das nicht abnehmen lassen. Wir sind nicht blind.

Übrigens, wenn Sie Ihr Stück Seife nach dem Gebrauch an einen Platz legen, wo das Wasser gut ablaufen kann, werden Sie überrascht sein, wie lange sie reicht! Der größte Teil unserer Seife schmilzt »im eigenen Saft« dahin.

So ist alles eine Frage der Prioritäten. Man kann nicht alles selber machen. Stellen Sie also das selbst her, was Ihnen am meisten Spaß macht, und verwenden Sie Ihren begrenzten Außenhandel auf Dinge, die Sie aus Mangel an Zeit, Neigung oder Fertigkeit nicht selbst produzieren können. Mit der Zeit stellen Sie vielleicht fest, daß Sie – oder Ihr Anwesen – sehr gut mehr von einem oder mehreren Produkten herstellen können, als Sie für Ihren eigenen Bedarf brauchen, und daß in der Nachbarschaft Nachfrage nach dem Überschuß besteht. Bei uns selbst trifft das jetzt auf Käse und andere Milchprodukte zu, und wir steigern kontinuierlich unsere Käseerzeugung, um mehr und mehr von diesen Produkten verkaufen zu können. Aber eine Käsefabrik werden wir deswegen nicht – das wäre langweilig. Wenn wir das uns richtig erscheinende Produktionsniveau erreicht haben, rufen wir Halt – bei einem Niveau, das uns nicht nur in wirtschaftlicher, sondern auch in kultureller Hinsicht angemessen erscheint. Wie schon eingangs gesagt: *Es geht um Lebensfreude.* Nimmt etwas solche Ausmaße an, daß Sie keinen Spaß mehr daran finden, lassen Sie's sein. Ich würde fast sagen, daß dies der Maßstab für alle Ihre Tätigkeiten sein sollte. Macht es keinen Spaß, dann lassen Sie's bleiben. Gefällt es Ihnen nicht, in einer riesigen Seifenfabrik zu arbeiten, dann tun Sie's nicht. Macht es Ihnen keinen Spaß, der Besitzer einer riesigen Seifenfabrik zu sein, dann verzichten Sie eben darauf. Finden Sie hingegen Gefallen daran, jedes Jahr so viel Seife zu sieden, wie Sie selbst und ein paar Ihrer Nachbarn brauchen – nun, wunderbar. Tun Sie's.

Dies sollte zum Credo jedes Siedlers gehören: Von anderen Siedlern oder Nachbarbauern oder örtlichen Händlern zu kaufen oder mit ihnen zu tauschen, wo immer möglich – selbst wenn es nicht immer so billig und die Qualität nicht immer so gelackt und perfekt ist wie im Supermarkt. Denn wir alle wollen ja eine *Gegenkultur,* eine *Gegenwirtschaft* aufbauen. Kauft man die Produkte irgendeines Konzerns, dann gibt man nur Leuten Geld, die ohnehin schon viel zu viel davon haben. Sie werden nichts davon ausgeben, um *unsere* Produkte zu kaufen. In jedem Fall geht ein nicht geringer Teil dessen, was Sie bezahlen, an den Staat, der es für törichte, überflüssige, oft aber auch gefährliche und schädliche Zwecke verschwendet. Wenn wir von Nachbarn kaufen, geht kein Pfennig in diese Richtung. Sehr wahrscheinlich kommt das Geld wieder zurück, zumindest zum Teil.

Da ich mich selbst oft ziemlich ungeschickt anstelle, ist es leichter für mich, anderen zu sagen, wie sie es *nicht* machen dürfen, statt ihnen zu raten, was sie tun sollen. Besuchern, die auf meine Farm kommen, um etwas zu lernen, sage ich oft: »Zumindest können Sie hier lernen, wie man es nicht machen darf!«

Hier ist eine Liste dessen, was man *vermeiden* muß:

1. Verwenden Sie weder Zeit noch Geld auf Ihre Unterbringung, ehe Ihre Erwerbsproduktion und ein größerer Teil Ihrer Lebensmittel- und Brennstofferzeugung laufen.

2. Wenden Sie weder Geld noch Zeit für die Verbesserung Ihres Bodens auf, ehe Ihr Anbau oder Ihre Viehzucht die Grenzen der vorhandenen Kapazität erreicht haben. Das heißt: Fangen Sie nicht an, Buschland zu roden, solange Sie noch einen Quadratmeter ungenutzten Landes besitzen, der schon gerodet ist.

3. Versuchen Sie nicht, alles zugleich zu tun, was dazu führt, daß Sie nichts richtig tun. Machen Sie sich an ein Projekt und arbeiten Sie daran, bis der Erfolg eintritt und die Sache von selber läuft. Erst dann setzen Sie sich das nächste Ziel.

4. Geben Sie kein Geld für Maschinen und technische Hilfsmittel aus, bevor Sie ganz sicher sind, daß Sie das Anzuschaffende nicht nur wirklich brauchen, sondern auch *gebrauchen* werden, wenn Sie es haben. Mir ist schon eine Anzahl von Fällen begegnet, in denen Neusiedler ihre Gebäude bis zur Decke mit prinzipiell nützlichen technischen Hilfsmitteln vollstopften, für deren Ausnutzung ihnen einfach die Zeit nicht reicht. Ihr Geld ist gebunden, ihr umbauter Raum ist blockiert, und sie verlieren den Sinn für Prioritäten und werden psychologisch verwirrt. Ich kenne Möchtegern-Siedler, die besser daran täten, ein Museum oder ein Antiquitätengeschäft zu eröffnen.

Kaufen Sie keine Maschinen und Geräte, ehe Sie ernsthaft versucht haben, ohne sie auszukommen, und ehe Sie zur Ansicht gelangten, daß das einfach nicht geht. Einmal gab ich dreihundert Mark für einen Präzisions-Saatbohrer aus. Ich benützte ihn zweimal. Meine Schuppen stecken voll solcher Geräte, Gott sei's geklagt. Kommen Sie zu mir, dann sehen Sie, was Sie *nicht* tun dürfen!

5. Verbringen Sie nicht Ihre ganze Zeit bei Sonder- und Ausverkäufen. Diese Billigaktionen sind ein Kapitel für sich. Oft kann man etwas, das man dringend benötigt, für einen Spottpreis erhalten, aber Sie können auch eine Unmenge Zeit damit verbringen, andern Leuten zuzusehen, wie sie Irrsinnspreise für Dinge bezahlen, die Sie selbst sich nicht leisten können. Schlimmer noch: Sie könnten sich von diesem schrecklichen Ausverkaufsfieber anstecken lassen und weit mehr für ein klappriges, wurmstichiges Objekt bezahlen, das Sie neu viel billiger kaufen oder sogar selbst basteln könnten.

6. Versuchen Sie nicht, mit sämtlichen Bauern der Welt in Konkurrenz zu treten. Vergessen Sie nicht: Die Berufslandwirte um Sie herum wurden in diese Tätigkeit hineingeboren. Sie betrieben sie zeit ihres Lebens, haben wahrscheinlich Grund, Gebäude, Vieh und Maschinen geerbt – und *selbst sie* schaffen es gerade, ihren Lebensunterhalt zu verdienen. Was für eine Chance haben Sie, es besser als diese Leute zu machen? Gut, vielleicht bringen

Sie es fertig, wenn Sie mit viel Geld anfangen. Freilich, warum wollen Sie dann überhaupt Landwirtschaft treiben? Nein, um Geld zu verdienen, sollten Sie etwas tun, das diese Bauern *nicht* tun. Wenn Sie in einer Gegend leben, wo man schon immer Broccoli produzierte, versuchen Sie es mit Artischocken. Jeder Broccoli-Anbauer in der Welt steht in direkter Konkurrenz mit jedem anderen Broccoli-Anbauer. Pflanzen Sie etwas, woran die anderen noch nicht gedacht haben. Würden wir auf unserer Farm Vollmilch an die Milchmarktgesellschaft verkaufen, würden wir nur zum Milchsee der Europäischen Gemeinschaft beitragen. Wir tun das nicht, sondern machen aus unserer Milch (und der Milchproduktion etlicher Nachbarn) ausgezeichneten Käse. Wir stehen mit niemandem in unserer Gegend in Wettbewerb.

Und denken Sie daran: Berufslandwirte sind im Besitz ererbten Wissens, und das ist ein gewaltiger Vorteil. Außerdem haben sie sehr wahrscheinlich ihre Höfe geerbt. Der Neusiedler hat weder Kenntnisse von Landwirtschaft geerbt noch ein Anwesen. Er muß für beides teuer bezahlen. Bei den heutigen Bodenpreisen hat jemand, der den größten Teil seines Kapitals borgen muß, im Wettbewerb gegen alle anderen Bauern der Welt nicht die geringste Chance.

Doch was der Neusiedler besitzt (zumindest hoffe ich das und nehme es an), ist Intelligenz (das Intelligenzniveau unter Neusiedlern ist äußerst hoch), Bereitschaft zum Experiment, Flexibilität (funktioniert etwas nicht, versuchen Sie's mit etwas anderem), die mit Entschlossenheit und Ausdauer gepaart ist und – vielleicht als Wichtigstes – den Willen, einfach und billig und ohne große Geldbedürfnisse zu leben. Wenn Sie *fast* Ihren ganzen Lebensmittelbedarf und einen guten Teil der anderen Dinge, die Sie brauchen, selbst produzieren und wenn Sie Ihre Bedürfnisse auf das, was Sie *wirklich* brauchen, beschränken (das ist vermutlich das Allerwichtigste), ist es höchst unwahrscheinlich, daß Sie scheitern. Vielmehr sollten Sie dann in der Lage sein, ein angenehmes, nicht allzu sehr mit Sorgen belastetes Leben zu führen.

6 Die Organisation

Auf der ganzen Welt probiert man heute verschiedene Formen der Organisation des Zusammenlebens. Es gibt eine fast unendliche Zahl von Strukturen, Formen, Verfassungen und wie man sie sonst noch nennen will – vom Einsiedler bis zu der Genossenschaft »The Farm« in Tennessee, wo Tausende junger Männer und Frauen leben, echte Nachfolger der Beatniks von Haight Ashton in San Francisco, die vor vielen Jahren mit einer Bus-Flotte losfuhren und eine riesige Farm kauften. Hier leben sie streng vegetarisch, betreiben die Farm mit großen Maschinen und vielen Chemikalien und sprechen immer noch die Sprache ihrer Vorgänger, der frühen Blumenkinder.

Diese Experimente mit Lebensformen sind ungemein wichtig. Manche scheitern, manche gelingen, doch für alle *Experimente* gilt: Auch wenn es schiefgeht, ist es ein Erfolg. Warum? Weil man etwas gelernt hat, und das ist der Zweck eines Experiments. Man hat gelernt, daß eine bestimmte Form nicht funktioniert.

Diese Experimente sind wichtig, denn falls wir keine brauchbare Methode finden, das verlassene Land wieder zu besiedeln, werden wir alle ziemlich Hunger kriegen, wenn uns einmal das Öl ausgeht. Gegenwärtig leben die Milliarden auf diesem Globus von Öl. Aber wir müssen lernen, Lebensmittel wieder mit der Arbeit von Männern und Frauen zu erzeugen. Und wir müssen gangbare Wege finden, wie man verlassene Gebiete wieder besiedeln kann.

Es ist modern, zu sagen: »Gemeinschaften funktionieren nicht.« Auf manche trifft das zu, auf andere nicht. Nicht jeder möchte in einer Gemeinschaft leben, und nicht jeder muß es; andererseits läßt es sich in Gemeinschaften dieser oder jener Art manchmal sehr gut leben. Aber auch wer alleine lebt, kann gut dran sein.

Auf der bescheidenen Grundlage meiner Erfahrungen, Beobach-
tungen und Lektüren, möchte ich hier ein paar der Möglichkeiten
besprechen, wie man sein Leben auf dem Lande gestalten kann.
1. Der Einzelgänger. Round Valley ist ein verlorenes Tal in den
nordkalifornischen Bergen; die Hälfte davon ist eine Indianerre-
servation. Dort traf ich einen Mann, der weitab von jeder anderen
menschlichen Ansiedlung völlig allein hauste und sein Leben der
Erzeugung seines Lebensmittelbedarfs widmete – offenbar mit
großem Erfolg (schließlich braucht ein Mensch nicht sehr viel, und
dieser Mann konnte ein Stück Wild schießen, wann immer er
wollte).

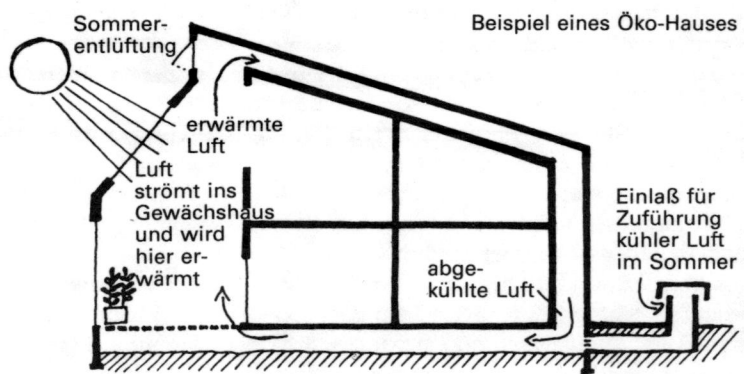

Er war dabei, sich ein ungemein durchdachtes Öko-Haus zu
bauen. Er hatte ein großes Loch ausgehoben, die Seiten sorgfältig
isoliert und es mit Beton gefüllt. In den Betonblock war ein
System von Röhren gezogen, das an einen Sonnenkollektor ange-
schlossen war. Ein solcher Kollektor besteht aus einem Parabol-
spiegel, der automatisch der Sonne folgt und ihre Strahlen entweder auf einen Punkt oder eine Linie konzentriert – in seinem Fall
eine Linie. Die Linie war ein stählernes Wasserrohr. Das Wasser
aus dem Leitungssystem im Betonblock wurde durch dieses Rohr
gepumpt (und zwar ziemlich schnell, sonst hätte das stählerne
Rohr schmelzen können) und beförderte die Wärme in den Beton.
Auf diese Weise konnte der junge Mann genug davon speichern,
um es im Winter warm zu haben. Mir schien das eine phantastisch

komplizierte und teure Methode, einen jungen Mann warmzuhalten! Mir selbst ist das immer mit ein paar trockenen Scheiten gelungen – auch im kältesten Winter.

Außerdem hatte er nicht weniger als zwei Windräder zur Elektrizitätserzeugung sowie eine Menge teurer Batterien zur Speicherung der Energie für Zeiten ohne Wind – oder mit zuviel Wind, was ebenso schlecht ist.

Der junge Mann war leidenschaftlicher Einsiedler und mochte es gar nicht sehr, wenn ihn jemand besuchte. Aber er tat, was ihm gefiel, und ich muß sagen, daß er ein Leben führte, das für ihn höchst befriedigend sein mußte. Woher bekam er sein Geld? Ja, das ist eine Frage, die ich mir immer stelle, wenn ich auch zu höflich bin, sie der Person vorzulegen, von der ich das gerne wissen möchte. Ich weiß es nicht. Allerdings weiß ich eines: In Amerika scheint Geld nicht sonderlich knapp zu sein. Fast jeder dem Mittelstand angehörende Weiße zentraleuropäischer Abstammung hat, wie es aussieht, die Möglichkeit, irgendwie an einen größeren Betrag heranzukommen.

Für mich steht fest, daß es Leute gibt, die allein leben wollen und denen das gut bekommt. Vielleicht wäre es heilsam, wenn jeder das eine Zeitlang täte. Will jemand allein auf dem Land leben, so ist es meiner Ansicht nach das Beste, im eigenen Haus, Schuppen, Wohnwagen, Zelt oder in der eigenen Hütte zu leben, aber auf einem Anwesen, das als eine Art Gemeinschaftsunternehmen betrieben wird. Ein Alleinlebender wird sich zum Beispiel schwer tun, seinen gesamten Lebensmittelbedarf zu produzieren. In der Geschichte wimmelt es freilich von Leuten, die das geschafft haben. Der englische Mönch St. Cuthbert zum Beispiel lebte im siebten Jahrhundert viele Jahre auf einer einsamen Insel und ernährte sich von Gerste, die er dort anbaute. Er mahlte sie zwischen zwei Steinen, befeuchtete das Mehl und röstete es in der Sonne. (Man braucht weder Mähdrescher noch Korntrockner, Silo, Kunstmühle oder komplizierten Backofen, um sich mit Brot zu versorgen.) Wer für sich alleine sein möchte, tut aber wohl gut daran, am Rande einer Gemeinschaft zu leben, deren Mitglieder seinen Wunsch nach Abgeschiedenheit respektieren und ihn in Ruhe lassen, ihm aber helfen, wenn das erforderlich ist, und von den Dienstleistungen Gebrauch machen, die er anbietet.

2. *Die Familie.* Sie ist die Grundlage der meisten erfolgreichen Gesellschaften dieser Welt. Ich habe lange Erfahrung als Mitglied einer eigenständig lebenden Familie und kann ehrlich sagen, daß die in einer solchen Gemeinschaft verbrachten Jahren die glücklichsten und zufriedensten meines Lebens waren.

Meine Erfahrung drängt mir freilich den Schluß auf, daß die Einzelfamilie zu isoliert und zu schwach ist, als daß sie sich die beste der denkbaren Welten schaffen könnte. Meine Familie lebte acht Jahre in Suffolk, umgeben von riesigen Gütern. In unserer Nachbarschaft gab es keine anderen Kleinbauern. Allerdings hausten einige davon verstreut in einer gewissen Entfernung, und ohne ihre Ermutigung und Hilfe hätten wir wohl nicht überleben können. Es gab keine anderen Neusiedler. Die anderen Kleinbauern hatten ihre Anwesen von ihren Vätern ererbt oder waren ehemalige Farmer, die ihre Farmen verkauft hatten. Uns gegenüber waren sie überaus zuvorkommend und halfen uns weiter.

Jetzt hausen wir mitten unter Leuten mit kleinen Anwesen, und unser Leben ist weitaus leichter und lohnender. Existiert irgendwo eine Anzahl von in Familienbesitz befindlichen Kleinanwesen, die nahe genug beieinander liegen, daß es zu lebendigen Beziehungen zwischen den Familien kommt, dann ist das gut. Einige Nachbarn haben zum Beispiel zuviel Milch, aber nicht so viel, daß sich die Anschaffung eines Milchtanks und der Verkauf an die Milchvermarktungsgesellschaft lohnen würde. Sie verkaufen die Milch an uns, und wir machen Käse daraus – wir bezahlen sie zum Teil mit Käse. Wir haben einen Nachbarn, der Bier braut, und wir tauschen von ihm Bier gegen Käse ein. Wir haben einen Nachbarn, der Weber ist. Er webt die Wolle unserer Schafe für uns (ein anderer Nachbar spinnt sie), und wir bezahlen ihn mit Stoffen und anderen Produkten. Ein anderer Nachbar hat einen Mähbinder, der zwanzig Jahre lang unbenutzt in seinem Schuppen stand (er baut kein Getreide mehr an). Er lieh ihn uns mit der Maßgabe, daß wir ihn reparierten, ölten und wieder funktionsfähig machten. Er furcht das Land für unseren Kartoffelanbau auf und leiht uns seine Kartoffellegemaschine. Wir arbeiten für ihn, wenn er uns braucht. Seitenlang könnte ich derartige Beispiele aufzählen. Eine solche Zusammenarbeit ergibt sich zufällig und entwickelt sich spontan unter Nachbarn – oder sollte es wenigstens.

Es gibt andere Wege, die zu noch vorteilhafteren Ergebnissen führen. Unterstellen wir die Existenz einer kleinen, formlos zusammenarbeitenden Gruppe, deren Mitglieder sich regelmäßig einmal pro Woche im Hause des einen oder anderen Beteiligten träfen. Bei diesen Treffen könnten sie besprechen, was jedes einzelne Mitglied braucht und was es zu geben hat. Ich weiß, daß es schwierig wäre, Leute zu so etwas zu bringen. Das Problem ist, daß selbstversorgende Siedler ihrem Wesen nach Individualisten sind und sich deshalb nicht gerne einer Initiative anschließen, die von jemand anderem kommt. Versucht jemand, so etwas zu organisieren, so läuft er Gefahr, als »Gschaftlhuber« betrachtet zu werden. Und wenn so eine Zusammenarbeit in Gang käme, hätten einige Beteiligte bald das Gefühl, jemand anderer maße sich zuviel Macht an. Bald würde die Politik ihr häßliches Haupt erheben.

Dennoch, werden wir wegen der Torheit und Schwachheit, die zu unserer menschlichen Natur gehört, für immer auf wirkliche Zusammenarbeit zwischen Individuen verzichten wollen? Ich muß die Frage offenlassen wie so viele andere.

3. Die organisierte Gemeinschaft. Von den Amerikanern entwickelt, besteht sie, wie ich sie verstehe, aus einer Anzahl Familien (wenngleich es wahrscheinlich ebensoviele Formen organisierter Gemeinschaften gibt wie organisierte Gemeinschaften), die sich zusammentun, ihr Geld zusammenlegen und ein Anwesen kaufen. In vielen Fällen handelte es sich um Land in der Nähe der Stadt, in der die meisten Mitglieder ihren Arbeitsplatz haben. Sie teilen den Boden dergestalt auf, daß jede Mitgliedsfamilie eine Parzelle hat, auf der sie ihr Haus bauen kann.

Im allgemeinen steht ein Teil des Landes in Gemeineigentum. In einigen Fällen ist der bewaldete Teil des Landes gemeinsamer Besitz und dient als Erholungsgebiet für alle. Manchmal gehören Getreideäcker allen gemeinsam. Die Leute übernehmen abwechselnd die Funktion des »Bauern«; jeder muß helfen, wenn nötig, und auf diesem Land werden Weizen, Gerste, Hafer, Mais und manchmal Kartoffeln oder Sojabohnen für alle Mitglieder angebaut – in anderen Worten: das, was sich viel besser und leichter in größerem Maßstab anbauen läßt. Alles andere pflanzen die einzelnen Familien auf ihrem Privatland, doch kann man sich vorstellen, daß es hier einen lebhaften Austausch gibt. (Ich habe dieses Jahr zu viele Kohlrüben – ich biete Ihnen Kohlrüben gegen grünen Mais!) Auch bestimmte Gebäude und Anlagen sind sehr oft in Gemeinbesitz. Es wäre zum Beispiel völlig abwegig, wenn jeder in der Gemeinschaft eine Kornmühle hätte, wo doch eine genügt. Dieser Grundsatz gilt auch für Traktoren, Zuchtbullen, -hammel und -eber sowie Maschinen und Werkzeuge. Der größte Teil des Aufwands für Landwirtschafts- und Gartengeräte ist vergeudet, weil der Nutzungsgrad zu gering ist. Durch entsprechende Zusammenarbeit kann dies vermieden werden.

Ich nehme an, daß sich die frühen amerikanischen Siedler in dieser oder ähnlicher Weise arrangierten. Ihr Städtchen oder ihr Marktflecken war ihre Gemeinde (natürlich entspricht beides nicht dem, was wir heute darunter verstehen). Jede Woche gab es eine Versammlung – wahrscheinlich nach der Kirche, wenn alle Siedler da waren –, bei der sie die Angelegenheiten besprachen, die ihnen wichtig erschienen. So eine Einrichtung konnte in der Tat ungemein nützlich sein. Ich weiß, daß es dabei persönliche Differenzen, Demagogie, Prinzipienreiterei und Polemik gegeben haben muß, aber die Vorteile einer solchen Zusammenarbeit überwogen ohne Zweifel die Nachteile.

Andere sehr erfolgreiche Kooperationen von bäuerlichen Familienbetrieben finden wir bei den verschiedenen fundamentalistischen Sekten in Amerika wie den Ammoniten, bei denen die einzelnen Familien durch das eiserne Band der Religion zusammengehalten werden. Alles was sie sagen oder tun, ist religiös motiviert oder inspiriert. Wir können eine Religion nicht einfach *erfinden*, weil das praktisch wäre und uns helfen könnte, eine Anzahl von Gruppen zusammenzuhalten. Aber es wäre nicht schlecht, wenn eine echte Religion – die Alternative Religion (»Organic Religion«) vielleicht – spontan entstünde und die Menschen wieder zusammenbrächte.

4. Die Kommune. Hier tut sich eine Gruppe von Menschen zusammen zu einem Verband, der einer größeren Familie entspricht. Dabei gehört jedes Mitglied zu der Familie, wie Frau und Mann zusammengehören. Manche dieser Kommunen stellen sogar Regeln auf, die verhindern sollen, daß zwei Leute zu oft mitsammen im gleichen Bett schlafen – alles soll redlich geteilt werden.

Ich habe mehrere solcher Kommunen kennengelernt. Im Idealfall können sie kleine irdische Paradiese sein. Da man bei Kommunen als Nichtmitglied meist nicht viel weiter als bis zur Tür kommt (die Mitglieder entwickeln häufig ein sehr ausgeprägtes Gruppenbewußtsein und sind meiner Erfahrung nach Fremden gegenüber nicht sonderlich aufgeschlossen), ist es sehr schwer, sie genau zu beschreiben. Allerdings muß ich sagen, daß ich schon sehr häufig das Auseinanderbrechen solcher Kommunen erlebt habe.

Ob eine solche Lebensform den emotionellen Bedürfnissen des Menschen entspricht oder nicht, wage ich nicht zu beurteilen. Leute verlieben sich, und wenn sie es tun, dann meistens in andere Leute, und dabei werden sie eifersüchtig auf andere – soviel steht fest. Allerdings bin ich nicht sicher, ob der Mensch sein Bewußtsein so grundlegend verändern kann, daß er imstande ist, glücklich in einer Kommune zu leben. Ich kann mir vorstellen (und habe es auch erlebt), daß sich *manchmal* eine Gruppe von Leuten, meist eine kleine Gruppe, zusammentut und sehr glücklich miteinander lebt. Wenn jemand das fertigbringt, muß es sehr schön sein.

Auch Kinder finden es sehr schön, so viele hingebungsvolle Eltern zu haben. Andererseits können Kinder konventionellen Vorstellungen zuneigen und nur ein Elternpaar wollen. Im Grunde glaube ich, daß niemand sehr viel über diese Dinge weiß, und deswegen sind solche experimentellen Formen der Lebensführung wichtig und interessant. Schade, daß es nicht mehr Untersuchungen über Erfolg oder Scheitern derartiger Experimente gibt; wir hätten dann eine Grundlage, die uns erlaubte, mit Hilfe von Vergleichen zu einem Urteil zu finden.

Zu verschiedenen Zeiten hatten wir auf meiner eigenen Farm Gruppen von jungen Leuten, die dem Ideal der Kommune nahekamen. Die Mitglieder dieser Untergruppen tendierten immer wieder dazu, abzuwandern und sich anderswo einzurichten. Keine dieser Gruppierungen hat sich als stabil erwiesen, soweit ich weiß. Aber vielleicht ist Stabilität nicht wichtig; vielleicht ist das, was manche Leute wollen, eben gerade der Wechsel.

Eine Illusion, die aus der Welt geschafft werden sollte, ist die Annahme, daß in Kommunen ein irres Sexualleben und -treiben herrscht, das uns normalen Menschen in unseren langweiligen Ehen mit Sex einmal alle zwei Wochen (oder nur bei Vollmond!)

versagt ist. Ich fürchte, dem ist nicht ganz so. Wenn man solche Gruppen beobachtet, ist der beherrschende Eindruck, daß sich ihre Mitglieder für alles Mögliche interessieren: Landwirtschaft, Gärtnerei, Musik, Kindererziehung, Marihuana vielleicht – aber der »schlimme Sex« spielt in ihrem Leben keine größere Rolle als bei irgendwelchen anderen Menschen. Ich weiß, daß diese Nachricht eine bittere Enttäuschung für die dörflichen Moralapostel bedeutet, die so gerne über den Zaun ihrer nächsten »Hippie-Kommune« spähen und sich in schwülstigen Orgien ihrer Phantasie ergehen. In der bürgerlichen Gesellschaft gibt es viel mehr sexuelle Promiskuität als in der freizügigsten »Hippie-Kommune«. Wenn Sie so etwas wollen, wäre »Peyton Place«[1] eine bessere Adresse für Sie.

5. *Die aus Einzelpersonen und/oder Paaren bestehende Kommune.* Von dieser Art gibt es viele, und eine große Anzahl davon ist recht stabil, obwohl es im allgemeinen ein ziemliches Kommen und Gehen gibt. Zwischen dem Familienleben im engeren Sinne und der Teilnahme am Gemeinschaftsleben muß hier ein Kompromiß gefunden werden, der nicht immer ganz leicht ist. Ich selbst bin zur Zeit Mitglied einer solchen Gemeinschaft. Ich lebe mit meiner Frau und drei kleinen Stiefkindern, und wir frühstücken in unserem eigenen Hause, nehmen aber die sonstigen Mahlzeiten mit den anderen ein. Meine Tochter lebt mit ihrem Freund und zwei kleinen Kindern in einem Häuschen auf dieser Farm, und sie nehmen sämtliche Mahlzeiten in ihrem eigenen Heim ein, *en famille*. Aber Phil, ihr Freund, kommt abends einmal gerne zum Pfeilwerfen in unsere Gemeinschaftshalle, und beide zeigen freundliches Interesse an allen anderen und wir an ihnen. Ihre Kinder genießen den Vorteil, daß sie andere Kinder haben, mit denen sie spielen können, und wenn die beiden einmal ausgehen wollen, gibt es immer genügend Babysitter. Das Ganze ist ein gutes Arrangement. Andere Leute kommen und gehen, oft auch mit Kindern. Sie können sich absondern, so viel sie wollen – separate Küchen sind ohne Schwierigkeit einzurichten; aber fast immer pflegen sie regen Umgang mit allen anderen.

Diese Art Gemeinschaft kann funktionieren, wenn sie aus den richtigen Leuten besteht. Natürlich kann es auch Spannungen

[1] Anspielung auf den Roman »Peyton Place« von Grace Metalious

72

geben: Eifersucht von Müttern auf Kinder ist eine häufige und ergiebige Quelle der Zwietracht. (»Frau Soundso schimpft meine Kleine jedesmal aus, wenn sie auch nur den leisesten Piepser macht, aber *ihrem* Fratzen erlaubt sie, wie mit Schmiedehämmern auf das Klavier loszudreschen!«) Ich weiß, daß man mich in der Luft zerreißen wird, weil ich *Mütter* und nicht *Eltern* sage, aber es ist wirklich so. Fast immer sind es die Väter, die solche Zwistigkeiten bereinigen müssen, indem sie sie mit einem Scherz abtun, ihre Damen ins Gebet nehmen und das Ganze in die richtige Perspektive rücken. Ich erwähne dieses Syndrom nur, weil es ein *sehr* häufiger Grund für das Auseinanderbrechen von Gemeinschaften ist – der häufigste, würde ich sagen, und sehr schwer zu vermeiden. Aus durchaus offenkundigen biologischen Gründen fühlen sich Mütter sehr viel enger mit ihren Kindern verbunden als Väter.

Es gibt viele Variationen dieses Themas von gesonderten, aber in sozialen Wechselbeziehungen stehenden Familien und Einzelpersonen. Ich sehe in einem solchen Arrangement die Möglichkeit der besten aller denkbaren Welten. Ein verheiratetes (oder unverheiratetes – darauf kommt es nicht an) Paar lebt, gegebenenfalls mit seinen Kindern, in seiner eigenen Behausung sein eigenes Leben, tritt aber, wann immer es will, in Beziehung mit anderen solchen Paaren oder Familien oder Einzelpersonen. Alle teilen sich einen zentralen Ort der Begegnung (wir haben unser »Neuadd« – das walisische Wort bedeutet Große Halle) und nehmen vielleicht ein paarmal in der Woche gemeinsame Mahlzeiten ein (von Mitgliedern mittelalterlicher Studienkollegien wurde erwartet, daß sie an bestimmten Tagen »in der Halle speisten«, und das war ein guter Gedanke). Wenn sich dann alle ernstlich um die Überwindung des Familieneifersuchtssyndroms bemühen, könnte so ein Paar wirklich ein sehr glückliches Leben führen.

Modelle, die sich in der Vergangenheit bewährt haben, sollten wir uns sorgfältig ansehen. So sind es die Verfahrens- und Verhaltensweisen früher Siedler in Amerika wert, daß man sich mit ihnen beschäftigt. Das gleiche gilt für das englische Manor-System[1]. Ein

---

[1]Mittelalterliches Grundherrschaftssystem in England; der Grundherr, Lord of the Manor, besaß umfangreiche Rechte: Gericht, Polizeigewalt, Recht auf Abgaben und Frondienst.

solches System *ohne den Lord* wäre vielleicht etwas sehr Gutes und Dauerhaftes. Warum ohne den Lord? Weil heutzutage niemand einen Lord über sich dulden würde, obgleich das in näherer oder fernerer Zukunft wieder anders sein wird. Wenn solche Manor-Lords wirkliche Anführer ihrer Gemeinde im besten Sinne sein könnten und ihnen das Wohl dieser Gemeinde mehr am Herzen läge als ihre eigenen Vergnügungen, könnte so ein System vielleicht ausgezeichnet funktionieren.

Im mittelalterlichen Manor gab es im »demesne«, der Domäne des Lords, all jene Dinge, deren Besitz für den einzelnen Landpächter nicht sinnvoll gewesen wäre. So wäre es absurd gewesen, hätte sich jedes Mitglied der Gemeinschaft eine Windmühle gebaut: nur eine war nötig. Wald und Weideland waren Gemeinbesitz, und die Tiere aller Mitglieder wurden von einem Hirten gemeinsam zum Grasen getrieben. Viel unnötiger Arbeitsaufwand wurde auf diese Weise vermieden.

Denen, die nach neuen Modellen gemeinschaftlichen Lebens suchen, empfehle ich das Studium des englischen Manor-Systems.

6. *Die kooperative Farm.* Dieses System ist überall und immer wieder versucht worden. Ich finde, es steckt voller Schwierigkeiten. Eine Gruppe von Leuten legt ihr Geld und/oder Land, Vieh, ihre Maschinen usw. zusammen und betreibt dann in Eigenarbeit ein Anwesen. Jeder bekommt einen Anteil vom Gewinn – wenn es einen gibt. Sehr häufig gibt es jedoch keinen.

Pedanterie und Formalismus sowie Geldsorgen – das sind die Probleme. In fast jeder Gemeinschaft sind gschaftlhuberische Gernredner, die viel lieber in endlosen Versammlungen herumdebattieren als bei der Getreideernte Hand anlegen.

In meiner Nähe gibt es eine ziemlich erfolgreiche Farm-Kooperative; aber ich gehe wohl nicht fehl in der Annahme, daß keines der ursprünglichen Mitglieder mehr dabei ist. Eines nach dem anderen haben sie ihre Anteile verkauft und sind anderswo hingegangen. Letzten Endes ist das möglicherweise gar nicht schlecht. Vielleicht kommt schließlich eine stabile Gemeinschaft heraus; mit den richtigen Leuten könnte so etwas funktionieren.

Wer erteilt die Anordnungen? Wer möchte Anordnungen ausführen? Und wenn es niemand gibt, der anordnen darf – wie wird dann entschieden, was getan werden soll? Soll man die Schweinemast aufgeben und Ziegen züchten? Aber Charley mag Schweine und hat etwas gegen Ziegen. Also muß abgestimmt werden. Nur, Abstimmungen haben eines an sich – immer ärgert sich jemand und fühlt sich bevormundet. Was also dann? Soll ein Manager gewählt werden, dessen Anordnungen man dann ausführt? Wenn der Manager hochqualifiziert wäre und wirklich viel mehr von der Sache verstünde als sonst irgend jemand und wenn alle anderen ihm rückhaltlos vertrauten, dann könnte das funktionieren. Das Problem erinnert mich an eine Anzahl zentralafrikanischer Dörfer, die ich kenne und in denen ich oft eine *echte demokratische Autokratie* vorfand. Das Wort des Anführers gilt, aber der Anführer ordnet nur das an, wovon er weiß, daß es im Interesse auch der anderen Dorfbewohner ist. Darüber hinaus gibt es viele althergebrachte Kontroll- und Ausgleichsmechanismen, welche die Macht sowohl des Dorfältesten als auch des Stammeshäuptlings einschränken. Auch im englischen Manor-System gab es ein solches System von Kontrolle und Ausgleich. In seiner besten Form muß es ein sehr gutes System gewesen sein, wenngleich es in seiner schlechtesten Ausprägung ziemlich arg gewesen sein muß, zumindest für manche Leute.

Wir bemühten uns sehr, unsere Farm zu einer echten kooperativen Farm zu machen, fanden aber einfach keinen Weg, der nicht zum völligen Scheitern geführt hätte. Und ich muß eingestehen, daß ich sehr wenige kooperative Farmen kenne, die nicht zusammengebrochen sind.

7. Die mönchische Gemeinschaft. Diese eingeschlechtlichen Gemeinschaften überdauerten manchmal Jahrhunderte, und viele bestehen noch heute. Von Haus aus haben sie drei bedeutende Vorteile: Eine gemeinsame Religion, keine Kinder und keinen Sex. Wo es keinen Sex gibt, gibt es auch keine sexuelle Eifersucht; wo es keine Kinder gibt, gibt es keinen Streit ihretwegen; und eine Religion kann Menschen zusammenhalten, wie sonst nichts auf der Welt. Überdies haben die meisten dieser Gemeinschaften eine strenge, bereitwillig hingenommene Disziplin und ein starr hierarchisches System.

Für den, der sich dafür eignet, ist eine religiöse Gemeinschaft wohl eine sehr gute Art der Lebensgestaltung.

Ob eine erfolgreiche und dauerhafte religiöse Gemeinschaft

möglich ist, die beide Geschlechter mit sexuellen Beziehungen und natürlichen Kindern umfaßt, muß sich erweisen.

8. *Die Partnerschaftsgruppe.* Dies ist ein System, das ich gegenwärtig auf meiner eigenen Farm einzuführen versuche, und ich glaube, daß diese Methode enorme Vorteile bietet.

Ein Bauer besitzt sein Anwesen. Er möchte den Schritt in das neue Zeitalter tun. Er erkennt, daß er ein wenig beiseiterücken und Platz für Leute aus der Stadt machen muß und daß sein Land der Entwicklung bedarf, damit es viel mehr Menschen ernährt als im Augenblick. So sucht man sich seine Partner sehr sorgfältig aus. A wird mit der Aufgabe betraut, sich um die Kühe zu kümmern, B um, sagen wir, Schweine und Schafe, C um das Geflügel (oder vielleicht soll er eine Geflügelzucht aufbauen, wo es vorher keine gab), D soll der Partner sein, der die Gärtnerei unter sich hat. Dann kommt E und sagt, sie möchte mitmachen, und ob sie eine Baumschule aufbauen könne? F denkt an eine Weberei und möchte die Wolle von B's Schafen spinnen und weben, G kommt und verarbeitet in seiner Molkerei die Milch von A's Kühen in Produkte der verschiedensten Art. G kauft die Milch von A, verkauft aber Molke und Magermilch an B, der beides an seine Schweine verfüttert. Der Mist von B's Schweinen düngt die Weiden, auf denen A's Kühe grasen. Der Kuhdung wird in D's Garten verwendet, und A's Kühe fressen dessen Gartenabfälle. Und so weiter.

Der Bauer ist gleichberechtigter Partner jedes einzelnen dieser Leute, aber er ist ein stiller Teilhaber. Er stellt Land, Gebäude, Maschinen und Vieh. Seine Partner bringen ihre Arbeitskraft ein. In den Partnerschaftsverträgen ist unmißverständlich vereinbart, daß der aktive Partner für seinen Bereich verantwortlich ist und ihn selbst managt, daß aber der Bauer das Recht und die Pflicht hat, alle diese Tätigkeiten so zu koordinieren, daß sie einander fördern und nicht behindern.

In den Vereinbarungen steht auch, daß jeder Beteiligte so viel von seinen Produkten bereitstellen muß, wie für die übrigen Leute auf dem Anwesen erforderlich ist. Viel verlangt, mag man zunächst meinen – aber wenn man sich überlegt, daß jeder Partner dafür, daß er einen (wahrscheinlich kleinen) Anteil seines Spezialprodukts hergibt, völlig freie Ernährung bekommt, dann wird man erkennen, daß es ein guter Handel ist.

Auf der ganzen Welt neigen die Menschen zu Streit und Zank. Es wäre aber ein Zeichen völliger Mutlosigkeit, zu sagen, daß deswegen die Zusammenarbeit zwischen Menschen außerhalb der Kernfamilie aufhören sollte. Ich meine, daß dieses System der Partnerschaftsgruppe Konflikten und Auseinandersetzungen so weit wie möglich den Boden entzieht. Jeder Partner hat seine eigene Domäne – und der (hoffentlich) gutwillige Besitzer des Anwesens steht in der Mitte und sorgt dafür, daß es zwischen allen Beteiligten gerecht zugeht. Und der Wohlstand des einen trägt zum Wohlstand aller anderen bei.

Da Gewinne in jedem Fall zu gleichen Teilen an beide Parteien gehen (d. h. an den Bauern und einen der Partner), könnte man einwenden, daß der Bauer dabei zu gut wegkommt. Das könnte so sein, und man sollte darüber verhandeln. Allerdings glaube ich, daß der Besitzer des Anwesens, der ja Land, Gebäude, Ausrüstung und den Basisbestand an Vieh bereitstellt, nicht mehr als seinen gerechten Anteil bekommt. Man könnte gegen ihn vorbringen, daß er nicht arbeitet, aber meiner Ansicht nach muß er sehr viel arbeiten, wenn es einmal drauf ankommt. Bei diesem System managt jeder Partner seinen eigenen Betriebszweig, wird ein Experte darin, kümmert sich um seinen eigenen Kram und läßt die anderen in Ruhe. Der Besitzer des Anwesens hingegen muß sich sämtlicher Abteilungen annehmen und sie koordinieren und sich wahrscheinlich auch viel um Großeinkauf und -verkauf kümmern. Außerdem obliegt ihm die Erhaltung der Gebäude und Umzäunungen und überhaupt der ganzen Infrastruktur des Anwesens.

Ich glaube, daß diese Methode funktionieren könnte. Sie würde den Leuten erlauben, sich in einem bestimmten Sektor so zu spezialisieren, daß sie diesen Bereich wirklich beherrschen. Dazu kommt noch die Befriedigung der Wechselbeziehungen mit anderen Menschen (wieviel schöner ist es für den Schafhirten, wenn er seine Wolle an einen Freund verkauft, der auf demselben Anwesen lebt, und nicht an die Wollvermarktungsgesellschaft). Der Schafhirte hätte die Befriedigung, zu sehen, wie seine Wolle an Ort und Stelle zu Stoff und vielleicht sogar zu Kleidungsstücken verarbeitet wird. Der Bauer, oder die Partner gemeinsam, könnten ihre verschiedenen Waren in einem eigenen Geschäft feilbieten oder mit einem Lieferwagen verkaufen, der seine festen Runden macht.

Keiner der Partner wäre zu kommerzieller Betätigung größeren Umfanges gezwungen, denn er hätte ja Verpflegung und Unterkunft gänzlich frei. Ich selbst bin gerade dabei, auf meiner eigenen Farm eine solche Partnerschaftsgruppe einzurichten. Ob sie funktionieren wird oder nicht, kann ich jetzt noch nicht sagen. So viel weiß ich jedoch: Wenn wir uns alle ernstlich darum bemühen, wird sie auch funktionieren.

Diese Methode müßte meines Erachtens eine Anzahl individueller Varianten ermöglichen. So könnte jemand kommen mit der Absicht, Gewächshäuser zu betreiben. Nun braucht man zwar für Gewächshäuser vergleichsweise sehr wenig Land; andererseits aber kosten sie eine Menge Geld. Angenommen nun, der Gewächshaus-Aspirant hat viel Geld und will es in seine Gewächshäuser investieren. Da Gewächshauskulturen sehr arbeitsintensiv sind, wäre es unfair, wenn der Besitzer des Anwesens die Hälfte des Gewinns des aktiven Partners bekäme. Also ist eine andere Verteilung des Profits auszuhandeln. Ich glaube, daß solche Verhandlungen nicht sehr schwierig sein dürften; schließlich wird man nicht Neusiedler, weil man besonders habgierig ist. Man möchte nicht übervorteilt werden, will aber auch andere Leute nicht übervorteilen. Der Besitzer des Anwesens wiederum hätte nichts davon, wenn seine Partner bankrottgehen oder resignieren und aufgeben. Trotzdem, wenn das Anwesen als Ganzes keinen Vorteil von der Existenz des Gewächshausbetreibers hätte, würden ihn die anderen Partner bald ins Pfefferland wünschen. Ausgewogene Abmachungen, die dem gegenseitigen Vorteil dienen, liegen im Interesse jedes einzelnen Partners. Wenn der Besitzer des Anwesens findet, daß er viel mehr profitiert als die anderen, sollte er die getroffenen Vereinbarungen überprüfen und seinen Partnern größere Anteile zukommen lassen.

Dieses System bietet sich auch an, wenn eine Gruppe von Leuten Investitionskapital besitzt und die Absicht hat, es zusammenzulegen und ein Anwesen zu erwerben. Nehmen wir an, vier Leute, A, B, C und D, kommen, jeder hunderttausend Mark in der Tasche, zusammen und kaufen ein Anwesen. Alle wollen autark leben, aber A möchte hauptsächlich Getreide anbauen, B Kühe haben, C Käse machen und D eine Gärtnerei betreiben. Sie lassen nun eine Gesellschaft ins Handelsregister eintragen, die sie »Die Farm« nennen und deren gleichberechtigte Gesellschafter sie sind. »Die Farm« handelt dann mit jedem einzelnen von ihnen eine Partnerschaft aus, und alle Gewinne der »Farm« werden gleichmäßig unter den Anteilseignern geteilt. Die Gesellschaft selbst würde wahrscheinlich gar keine Gewinne machen, denn sie würde ihre Profite in Land und Gebäude investieren. Die Gewinne sollten von den Partnern gemacht werden, und sie würden ihre Profite in dem Maße erzielen, wie gut und wie hart sie arbeiteten.

Das Mitglied der landläufigen Kooperative findet sich damit ab, auch durch harte Arbeit nur sehr wenig persönlichen Profit zu erzielen. So kommt es dazu (ich habe es erlebt), daß die einzelnen Mitglieder darin wetteifern, weniger und weniger zu tun. »Charly sitzt den ganzen Tag bloß herum – aber er kriegt den gleichen Gewinnanteil wie ich. Ich werde mich jetzt auch mal ein bißchen pflegen!« Das ist wohl der Grund, warum landwirtschaftliche Kooperativen nur ganz selten überleben. Der frühere Direktor einer Behörde, die Förderbeihilfen vergab, erzählte mir, daß keine einzige der Agrar-Kooperativen, denen von seinem Amt Geld zur Verfügung gestellt worden war, überlebt hatte.

Meine Idee der Partnerschaftsgruppe ist also ernstlicher Überlegung wert. Dieses System sorgt für Kontrolle über geleistete Arbeit, Profitanreiz, zentrale Koordination und individuelle Verantwortlichkeit. Es kann viel Spaß machen und ein gutes Leben ermöglichen.

7 Ein paar taktische Überlegungen

Wir wollen nun ein paar taktische Übungen und Überlegungen in der Planung von imaginären, selbstversorgenden bäuerlichen Anwesen durchführen.

1. Diese Idee interessiert mich am meisten, denn meiner Ansicht nach könnte das zugrundeliegende System durchaus als Modell für zukünftige Landbesitzverhältnisse in vielen Ländern dienen. Farmer Giles hat eine 150-Hektar-Farm in Suffolk. Auf Grund der emporschnellenden Bodenpreise sagt ihm sein Buchhalter, daß er trotz eines Solls von zweihunderfünfzigtausend Mark bei der Bank in Wirklichkeit durchaus solvent ist. Sein Soll bei der Bank steigt allerdings ständig, sein Bankier begegnet ihm bereits etwas kühler, und er steht vor der Notwendigkeit, vor der nächsten Ernte einen neuen Mähdrescher zum Preis von einhunderfünfzigtausend Mark anzuschaffen. Der Schrottwert seines jetzigen Mähdreschers ist sehr gering.

Die einzige Möglichkeit für ihn, seine Kredite zu bedienen und seinen Betrieb auf dem neuesten Stand zu halten, besteht darin, daß er mindestens acht Tonnen Weizen pro Hektar erntet. So mußte er vor drei Jahren sechshunderttausend Mark für neue Getreidesilos und einen Getreidetrockner ausgeben. Um einen Hektar-Ertrag von acht Tonnen zu erzielen, muß er gewaltige Mengen Chemikalien auf seinem Boden ausbringen, und er weiß, daß das Risiko eines Krankheitsbefalls des Weizens sehr groß ist. Wie einen Invaliden muß er seinen Weizen behandeln. Jeden Morgen geht er durch seine Felder, um zu sehen, was sich nun schon wieder Schlimmes ankündigt, und dann fährt er nach Hause und bestellt noch ein weiteres sehr teures chemisches Mittel. Seine Gewinnmarge sinkt. Er weiß nicht, ob er versuchen soll, noch höhere Erträge zu erzielen, indem er sein Land mit noch mehr

Chemikalien traktiert, oder ob es umgekehrt vielleicht besser ist, seinen Anbau zu diversifizieren und geringere Erträge hinzunehmen, die freilich auch nur einen viel geringeren Aufwand erfordern würden. Er ist sich im klaren darüber, daß das Gesetz des Ertragsrückgangs in bezug auf die Menge des von ihm ausgebrachten Stickstoffs schon zu wirken beginnt. Aber wenn er weniger düngt – und weniger erntet –, bleibt natürlich ein Teil seiner Trockner- und Lagerkapazität ungenützt, und er hat sowieso schon Schwierigkeiten, den dafür aufgenommenen, nicht unbeträchtlichen Kredit zu bedienen. Des Unkrauts auf seinen Weizenfeldern wird er nicht Herr, obwohl er den Aufforderungen der gelackten Anzeigen für die Produkte der chemischen Industrie in der »Landwirtschaftlichen Wochenschrift« (»Farmes Weekly«) durchaus Beachtung schenkt.

Farmer Giles weiß, daß er reich ist. Er weiß aber auch, daß ihm vor Sorgen Magengeschwüre drohen und daß er von seinem Reichtum nichts in die Hand bekommt, wenn er nicht *seine Farm verkauft*. Tut er das, so bekommt er die unglaubliche Summe von 3,5 Millionen Mark dafür. Aber was geschieht dann? Nun, der Staat wird ihm einen sehr großen Teil davon wieder abnehmen. Will er das vermeiden, muß er re-investieren, im konkreten Fall in eine andere Farm. Und schon ist er wieder in der gleichen Tretmühle.

Er liest dieses Buch, erleidet einen kleineren Nervenzusammenbruch, fährt mit seiner Frau einen Monat nach Kenia, um sich das Großwild anzusehen, und faßt den plötzlichen Entschluß, aus seinen einhundertfünfzig Hektar, dem Mähdrescher und allem Drum und Dran etwas ganz Neues zu machen.

Er beschäftigt bereits zwei Mann, von denen einer den Arbeitstag von morgens bis abends in der Kabine eines Traktors verbringt, wo er Popmusik über Kopfhörer hört, die ihn vor dem Ertauben bewahren sollen. Der andere Mann betreut eine Herde von fünfzig Zuchtsauen. Diese Tiere verbringen ihr ganzes Leben unter einer Art Dämmerlicht in riesigen Hallen, auf Betonboden und in feuchtheißer Luft, und sie werfen ihre Jungen in winzigen Verschlägen, in denen sie sich nicht einmal umdrehen können. Ihre Ferkel werden unnatürlich früh entwöhnt und in Batteriekäfige gesteckt, und nicht einmal das zweifelhafte Vergnügen, sich auf nacktem Beton niederzulegen, wird ihnen jemals zuteil. Ihr kurzes Leben müssen sie auf Gummimatten verbringen. Sie können dort nichts anderes tun, als Milchersatz aus Gummizitzen zu saugen. Damit sie einander nicht auffressen, bricht man ihnen die Zähne aus. Ständig gibt man ihnen starke Beruhigungsmittel.

Ferkelmastbatterie

Farmer Giles weiß, daß weder seine Farmer-Kollegen noch ihre staatlichen Berater etwas gegen diese Methode der Tierhaltung haben, und auch nicht der junge Jim Keeble, der die Schweine betreut. Für ihn selbst aber ist sie nie *ganz* akzeptabel gewesen. Er war in dem Glauben erzogen worden, daß ein Farmer am Betrachten seiner Tiere Freude empfinden sollte. Indessen hat ihn die Betrachtung der Insassen seines Schweinezuchthauses niemals auch nur im geringsten erfreut. Aber die Preise für Proteine sind himmelhoch und die Preise für Ferkel niedrig; außerdem will es ihm nicht gelingen, mit den Lungenbeschwerden unter den Sauen oder dem Darmkatarrh der kleinen Ferkel fertigzuwerden, und so bereitete ihm auch der Anblick seiner schweinezüchterischen Gewinn- und Verlustrechnung keinerlei Freude mehr. Er sagt sich, daß er die Schweine nur behält, um Jim Keeble nicht entlassen zu müssen, und auch, weil der Schweinemist gut für sein Land ist. Wenn er letzteres vor irgendeinem seiner Kollegen sagt, tut er es mit leicht entschuldigender Miene – er weiß, daß sie solche Vorstellungen für altmodisch halten in einer Welt, wo alles, was man für das Wachstum von Pflanzen braucht, in Säcken ist oder noch besser in großen Tanks.

Er ruft also Jim Keeble und Harry Jackaman zu sich, und sie setzen sich zusammen und besprechen die Dinge.

»Harry – du warst hier für die Kühe verantwortlich, bevor wir die Herde verkauften. Würdest du dich gerne um eine Kuhherde kümmern?«

Harry überlegte eine Minute und sagt: »Na ja, die Kühe habe ich immer gern gemocht, Mr. Giles – ich hab' fast mein ganzes Leben mit ihnen verbracht. Aber meine Arbeit – wer würde die dann tun?«

»Jetzt mal abgesehen von deiner Arbeit. Möchtest du gerne eine Kuhherde haben – wenn sie dir *gehörte*?«

»Mir *gehörte*? Ich hab nicht mal Geld genug, um meiner Frau 'n neues Kleid zu kaufen.«

»Die ist immer viel besser angezogen als *meine* Frau. Angenommen, ich kauf' eine Herde Kühe, geb' dir Geld, damit du den Kuhstall wieder herrichten kannst, und verkauf' dir die Kühe – ohne Anzahlung, und abstottern kannst du sie in zehn Jahren. Du würdest die Milch verkaufen und der Farm soundsoviel im Jahr für die Weiden geben.«

»Na, Sie haben vielleicht Ideen. Das ist Ihnen wohl eingefallen, wie Sie in Afrika mit all den Häuptlingen zusammengehockt sind. Jedenfalls, Sie wissen so gut wie ich, daß es auf dieser Farm keine Weiden gibt.«

»Aber es könnte sehr bald welche geben. Im Ernst, Harry, möchtest du nicht dein eigener Herr sein und deine eigene Kuhherde haben?«

»Und mein Lohn? Würd' ich weiter regelmäßig meinen Lohn kriegen? Ich mag die Kühe – hab' mir immer vorgestellt, daß ich wieder mal 'ne Kuhherde hab'. Aber bis ich davon endlich mal leben kann, da vergehen ja Jahre.«

»Deinen Lohn würdest du weiter kriegen, bis dich die Kühe bezahlen. Er würde in dem Maß weniger werden, wie deine Milcheinnahmen steigen. Sobald deine Gewinne ebenso hoch wären wie dein Lohn, würdest du keinen Lohn mehr kriegen.«

»Na ja – das will schon gut überlegt sein. Muß mal mit meiner Frau reden.«

Farmer Giles wendet sich Jim zu und fragt ihn, was er von einer eigenen Schweineherde halten würde.

»Ehrlich gesagt«, antwortet Jim, der jünger ist und um einiges gründlicher nachdenkt als Harry, »ich kann die Viecher nicht sehen, und riechen schon gar nicht. Die Arbeit mit den Schweinen mach' ich – und ich hoffe, ich mach' das ganz gut – nur aus einem einzigen Grund, und den kennen Sie ja. Ich hab' die verdammten Viecher dick. Den Schweinestall, den kann ich schon gar nicht mehr sehen. Und der Gestank! Wenn ich jemals was selbständig mach', dann Schafe.«

»Also gut, dann eben Schafe. Ich streck' dir das Geld für eine Herde Mutterschafe vor, oder für was du willst, Vorräte oder irgendwas, und wir stellen so viel Weideland bereit, wie sie brauchen.«

»Nun, es geht mich ja zwar nichts an, aber woher wollen Sie denn so viel Geld nehmen, wie man da braucht?«

»Ich verkaufe sechzig Hektar Land und dieses leerstehende Gesindehäuschen. Und die Schweineherde. Und noch ein paar andere Dinge.«

Die beiden Männer trinken ihr Bier aus, gehen in die Nacht hinaus und murmeln: »Komische Ideen sind das!« Auf Dinge, die sie nicht verstehen, haben die Leute in East Anglia schon immer so reagiert, zumindest seit den Tagen von König Wuffa.

Dann geht es los. Farmer Giles verkauft das kleine Gebäude und Land. Im Dorf kennt er einen jungen Kerl namens Willy, der sehr gerne seine eigene Freilufthaltung von Zuchtsauen aufziehen würde. Giles verkauft seine vorhandene Herde und kauft zwanzig trächtige Zuchtsauen und Material für einen elektrischen Zaun, und der junge Willy übernimmt alles in der Absicht, den Preis für die Tiere abzustottern und Mr. Giles einen jährlichen Betrag für die Benützung seines Landes zu bezahlen. Mr. Giles erwächst der unschätzbare Vorteil (auf den er natürlich bei seinen Verhandlungen mit dem jungen Willy nicht über Gebühr eingeht), daß die Schweine mit ihren Schnauzen den Boden umwühlen und ihn mit ihrem anderen Ende düngen.

Dann hört Giles von zwei unverheirateten Frauen, die seit zwanzig Jahren glücklich zusammenleben und eine kleine Hühnerfarm betreiben. Sie wollen dieses Unternehmen erweitern. Er stellt ihnen das Geld für fünfzig mobile Hühnerhäuser und die dazugehörigen Hühner zur Verfügung. Sie wollen ihm Futtergetreide abkaufen und auch für die Benutzung des Landes bezahlen. Wieder macht Giles kein großes Aufhebens vom Wert der zu erwartenden Düngung, doch ist er ziemlich erfreut darüber, denn dieser Wert wird beträchtlich sein. Für Stickstoff in Säcken wird er in Zukunft weit weniger als bisher ausgeben.

Giles hört von einem jungen Mann, der bereits drei Jahre praktische Erfahrung besitzt und eben eine einjährige Ausbildung an einer Gartenbauschule abgeschlossen hat, wo er auch seine sehr engagierte junge Verlobte fand. Das glückliche Paar besucht ihn, und er bietet ihm zwei Hektar Land unweit der Straße an. Darauf können die beiden in einem Wohnwagen leben und einen großen Töpferschuppen und mehrere Gewächshäuser bauen und einen Garten betreiben, dessen Produkte verkauft werden und der auch der Pflanzenzucht dient. Um das Land zu bezahlen, treten sie in eine Partnerschaft mit Farmer Giles ein. Er stellt Boden und Geld, sie tun die Arbeit, und der Gewinn wird geteilt.

Farmer Giles setzt eine Anzeige in die Zeitung. Es meldet sich eine Frau, die einen Käsereikurs besucht hat. Er erbietet sich, ein vorhandenes Gebäude in eine gutausgerüstete Molkerei umzuwandeln und das nötige Kapital bereitzustellen, während sie als aktiver Partner die Arbeit tut und ihre fachmännischen Kenntnisse einbringt. Sie wird die Milch von Harry kaufen, ihm einen Teil der zentrifugierten Milch (denn sie soll auch Butter herstellen) für die Kälberzucht zurückveräußern und die Molke dem jungen Mann liefern, der Schweine züchtet. Dieser junge Mann kauft übrigens sein ganzes Futtergetreide von Farmer Giles, der eine Mühle zum Gerstenmahlen besitzt.

Im Lokalblatt liest Giles einen Artikel über einen jungen Mann, der die edle Kunst des Stuhlmachens erlernt hat. Er sucht ihn auf und lädt ihn ein, sich in seinem großen Wald zu installieren. Der junge Mann kann dort einen Wohnwagen hinstellen, wenn er ihn gut zu tarnen versteht, und später sogar ein Blockhaus bauen, wenn er das will. Er kann Bäume fällen und daraus Stühle herstellen. Das Abfallholz wandert in Farmer Giles' Ofen.

Möglichkeiten gibt es unendlich viele.

Sämtliche Mitglieder der Farmgemeinschaft halten eine Versammlung ab und beschließen, das alte Hühnerhaus abzureißen und an seine Stelle eine Halle zu bauen, die für eine Theatergruppe der Kleinen, Konzerte und Bälle, einen Filmklub usw. Raum bieten soll. Auch eine Bibliothek will man einrichten; eine der beiden ledigen Frauen soll sich darum kümmern. Zweitens einigt man sich darauf, ein »Kleines Rotes Buch« einzuführen. Jeder hat ein kleines, rotes Schulheft, in dem für jeden anderen Bewohner der Farm eine Seite reserviert ist. Erweist ihm jemand irgendeinen Dienst, wird dieser mit seinem Marktwert als Guthaben zu dessen Gunsten vermerkt. Umgekehrt gilt das gleiche. Am Ende des Jahres setzt man sich zusammen und regelt positive oder negative Saldi entweder in bar oder in natura. Dieses System erspart dem Finanzamt eine Unmenge schwerer Arbeit. Am Ende dieser Versammlung singen alle bis auf Farmer Giles (denn zu seinen Ehren geschieht es): »And he's a jolly good fellow!« Giles könnte fast rot werden.

Sitzt Farmer Giles im Zentrum all dieser Aktivitäten wie eine dicke Spinne mitten in ihrem Netz? Wohl nicht ganz. Gewiß, er profitiert finanziell von den finanziellen Erfolgen jeder anderen Person auf der Farm. Der Erfolg einer Person gereicht allen zum Vorteil. Andererseits hat er aber viel Arbeit zu tun und, bis alles klappt, viele Sorgen am Hals. Während der ersten paar Jahre kommt es ihm vor, als müßte er jeden einzelnen Partner am Händchen führen. Bei jedem gibt es endlose Anlaufschwierigkeiten, und Giles' Aufgabe ist es, ständig Hilfe und Ermutigung zu bieten. Manchmal kommt er sich vor, wie sich Kolumbus gefühlt haben muß, als seine Mannschaft schließlich alle Hoffnung aufgab, jemals wieder Land zu erreichen. »Haltet nur noch einen Tag durch, einen einzigen Tag! Ich bin *sicher*, daß wir auf Land stoßen werden!« Und eines Tages kam der Vogel vom Land über die schäumenden Wogen geschwebt und ließ sich in der Takelage des Schiffes nieder!

Und eine Farm, die einmal drei Familien ernährte, bietet nun fünfzehn Familien Unterhalt – und alle können sich direkt von ihr ernähren. Immer weniger Nahrungsmittel müssen »von außerhalb« eingekauft werden. Geld spielt eine immer geringere Rolle, obwohl ein Farmladen aufgemacht wird – höchst kundig betrieben vom Ehemann einer Frau, die ein Restaurant auf der Farm eröffnet, das ziemlich viel Geld einbringt.

Immerhin, Mr. Giles muß sein Land noch bebauen, aber bei

weitem nicht mehr so viel wie zuvor. Den neuen Mähdrescher braucht er nicht mehr zu kaufen – er gibt sogar seinen jetzigen ab und kauft einen nagelneuen, über eine Zwischenwelle vom Traktor angetriebenen Mähbinder aus Italien. Es wird zur Gewohnheit, daß jeder, der Zeit hat, bei der Getreideernte mit Hand anlegt; Giles verfügt also über Arbeitskräfte in ausreichender Zahl. Sein Anbau wird vielfältiger und interessanter, denn er muß für die verschiedenen Unternehmungen, die sich auf seiner Farm entwickelt haben, eine Anzahl verschiedener Produkte bereitstellen. Aufgrund der Segnungen dieser Poly-Kultur – d. h. des ganzen Kuh-, Schweine-, Schaf-, Hühner- und menschlichen Dungs – braucht er keinen Kunstdünger und keine Petrochemikalien mehr zu kaufen. Als er die sechzig Hektar und das Häuschen veräußerte, brauchte er keinen Pfennig Steuern zu zahlen – den Erlös reinvestierte er ja wieder in neue Agrarunternehmungen. Um das alles richtig hinzukriegen, brauchte er natürlich einen sehr guten Steuerberater. Vielleicht ging es ihm wie einem Freund, den ich in Norfolk hatte. Eine Zeitlang mußte er, wenn er seine Bücher zum Steuerberater bringen wollte, ins Gefängnis von Norwich fahren. Dieser vorzügliche Berater hatte sich bei dieser einen Gelegenheit ein klein wenig übernommen.

Und was die Farm anbelangt – nun, was zuvor ein äußerst langweiliger Brei aus riesigen Weizenfeldern ohne Hecken drumrum gewesen war, verwandelte sich nun bald wieder in eine liebliche, mit den verschiedensten Pflanzen bewachsene Landschaft zurück. Nun gab es auch Eschen und Eichen (so viele Leute brauchen eine ziemliche Menge Brennholz – und auch Holz für andere Zwecke), Obstgärten (eine Frau kam und fragte, ob sie mitmachen und Apfelbäume pflanzen könne), und die Felder, auf denen es bisher nur einen einsamen Mann auf dem Fahrersitz eines Traktors gab, sind nun bevölkert und schön.

Mr. Giles hat sich und seine Farm in die neue Welt hineinkatapultiert.

2. Adrian und Marcia haben ihre Jobs satt. Er als durchschnittlicher Versicherungsangestellter und sie als persönliche Sekretärin eines richtiggehenden Saukerls von Mann in einer besonders noblen Maklerfirma, deren Spezialität es ist, reichen Arabern zu

Wucherpreisen Immobilien anzudrehen. Sie lesen eine gewisse Untergrundliteratur und beschließen, ihrer bürgerlichen Existenz zu entsagen.

Marcia hat eine Tante, die für Florenz schwärmt und seit siebzehn Jahren jeden Winter dort verbringt. Sie und Adrian sehen zu, daß sie zur gleichen Zeit Urlaub bekommen, und statt ihn wie gewöhnlich in einem Feriencamp des Club Mediterranée in Tunis zu verbringen, beehren sie Tante Flo mit einem Besuch. Eine gemeinsam verbrachte Woche genügt allen dreien; Adrian und Marcia schnallen also ihre Rucksäcke über und trampen südwärts in Richtung Arezzo.

Die Landschaft, die sie durchwandern, erinnert sie an den Hintergrund, vor dem Menschen in den Meistergemälden der Florentiner Schule dargestellt werden. Es kommt ihnen vor, als wanderten sie durch das Paradies. Der Bauernwein, der wie ein gröberer und robusterer Chianti ist, mundet ihnen vorzüglich und ist sehr billig. Ihre auf gutem Brot, eingemachtem Schweinefleisch und Oliven basierende Kost bewirkt, daß sie sich großartig fühlen. Und täglich fünfzehn Kilometer Fußmarsch (mehr schaffen sie nicht) erzeugen den nötigen Appetit.

Eines Tages lernen sie in einem Café ein junges deutsches Paar kennen. Adrian hat bis zum Abitur Deutsch gelernt, seinen Urlaub mehrmals in Deutschland verbracht und spricht ganz gut Deutsch. Das Englisch des deutschen Paares ist ebenfalls gut. Bis zu diesem Zeitpunkt fanden sie die Italiener *einfach herrlich,* wie Marcia es ausdrückt, aber auch durchaus unverständlich, da sie nur Italienisch sprechen.

Das deutsche Paar platzt fast vor Energie und robuster Gesundheit. Die beiden nehmen Marcia und Adrian mit in ihre kleine Gemeinde in den Bergen. Was sie dort vorfinden, ist höchst beeindruckend – ein wunderschönes altes Bauernhaus mit hohen, nackten, gekalkten Innenwänden. Bündel von Zwiebeln und getrockneten Tomaten hängen von der Decke, außerdem nicht wenige Parmaschinken und Speckseiten; zwei riesige Glasballons mit Wein aus der Nachbarschaft stehen in einer Ecke, zwei weitere mit Olivenöl in einer anderen, und durch das ganze Haus zieht der herrliche Duft, der dort entsteht, wo man mit Olivenöl kocht. Draußen gackern Hühner; aus der Küche werden sie von hübschen blonden, braungebrannten Kindern gescheucht. Im Hof gibt es auch noch Ziegen und in einem Stall eine gefleckte Sau. Über einen steilen Hang in der Nähe ziehen sich ein paar Dutzend schmale, bepflanzte Terrassen.

»Ich muß euch den wichtigsten Teil unserer Lebensmittelversorgung zeigen«, sagt Gerhardt zu Marcia, welche dieser blonde Hüne bereits recht liebgewonnen hat. Und er führt sie hinaus zu den Karnickeln – sechs fette Weibchen und ein Männchen, alle in Einzelkäfigen. Er erklärt, daß sie mit Klee und einer Art Lupinen gefüttert werden, die sie auf den Terrassen anbauen, was ergänzt werde durch die freßbaren Unkräuter, welche die Kinder armweise und sackweise mit nach Hause bringen. Die Karnickel liefern einen großen Teil des von der Gemeinschaft verbrauchten eßbaren Proteins. Ihr Dung aktiviert den Kompost. So groß ist Gerhardts Begeisterung für die Kaninchen sowie ihre Züchtung und alles andere, daß er den Arm um Marcia legt und sie einige Schwierigkeiten hat, sich ihm zu entwinden. Gerettet wird sie von Fritz, dem ältesten Mann der Gemeinschaft, einem nicht zu unterschätzenden Propheten und Philosophen.

Er führt sie zu einem Aussichtspunkt, wo sich ein Blick über die andere Seite des Tales eröffnet. Er macht eine weitausholende Armbewegung, nimmt dann eine beeindruckende Pose ein und sagt: »Für dich ist das ein herrlicher Blick – in meinen Augen ist es eine abscheuliche Schande! Sieh dir diese terrassierten Hänge an, Marcia! Zur Zeit der alten Römer wurden sie aus dem Stein des Berges gehauen; seitdem wurden sie ständig bebaut in Krieg und Frieden, in fetten und in Hungerjahren. Menschenhände haben hier einen Boden geschaffen, der zum produktivsten gehört, den es auf dieser Welt gibt. Und jetzt ist er verlassen. *Verlassen.* Er rutscht davon und wird weggeschwemmt und verkommt – der Boden, der mehr als zwei Jahrtausende lang kultiviert wurde, wird in diesen Fluß hinuntergeschwemmt und hinaus ins Meer. Was für eine Generation ist denn das? Was für eine Schuld laden wir da auf uns? In tausend Jahren wird man von der Eisenzeit sprechen, vom goldenen Zeitalter und, bei Gott, vom *Zeitalter der Verräter!* Das wird unser Zeitalter sein. Wir verraten unsere Vorväter, verraten alle guten menschlichen Traditionen und jede vernünftige Art von Wirtschaft!«

Von all dem ist Marcia fasziniert, aber auch leicht beunruhigt. Immerhin, na ja, in Islington hatte kein Mensch so geredet. »Warum rutschen die Terrassen denn ab?« fragt sie und kommt sich vor wie Alice im Wunderland.

»Weil der Mensch sie verlassen hat! Die Menschen haben sich davongemacht – haben das Land verlassen, um in Autofabriken und Spielautomatenfabriken und in Fabriken in Turin und Mailand, die Schund und Mist produzieren, zu arbeiten!«

Marcia und Adrian verbringen die Nacht in der deutschen Kommune und finden allmählich alles sehr aufregend. Sie speisen lukullisch – halb deutsch, halb italienisch. Die Kinder – es gibt eine Menge davon – machen Spaß. Jedes Mitglied der Gemeinschaft strotzt vor Gesundheit, engagiert sich begeistert für die gemeinsame Sache und ist von tiefem Stolz auf das erfüllt, was es hier tut.

»Wir sollten ein paar Engländer rüberholen und hier eine Kommune mit ihnen starten!« sagt Adrian ganz und gar nicht im Ernst.

»Auf keinen Fall!« entscheidet Fritz. »Niemals! Was haben wir hier? Ein deutsches Getto. Wir haben zu viel miteinander zu tun, als daß wir uns noch mit den Bewohnern dieses Landes abgeben könnten.«

»Aber wäre es denn nicht gut, wenn wir so einen terrassierten Hügel kauften und verhinderten, daß der Boden ins Meer geschwemmt wird?« fragte Marcia.

»Natürlich. Aber nicht als englische Getto-Gemeinde. Nein. Wenn, dann solltet ihr hier ein kleines Anwesen kaufen, den örtlichen Dialekt lernen und richtige Bauern werden. Lebt und arbeitet mit euren toskanischen Nachbarn. Werdet wie sie. Bringt aus England Ideen mit – englische Lebenslust und Kultur –, aber nur als kleinen Beitrag zur hiesigen Kultur. *Die* muß schließlich eure wahre Kultur werden. Eure Kinder müssen als toskanische Bauern aufwachsen.«

Sie debattieren darüber bis spät in der Nacht, bis das gute Essen und der köstliche Wein (der an Ort und Stelle gekeltert wurde und von dem man jede Menge verträgt) sie ins Bett taumeln läßt.

Und am nächsten Morgen finden sich Adrian und Marcia in den Lupinenfeldern wieder, wo sie mit Sicheln Futter für die Kaninchen schneiden.

Wieder in England zurück, finden sie ihre Jobs nicht weniger unerträglich als ihr jeweiliges Heim und ihre Umgebung. Marcia kann sich einfach nicht vorstellen, daß sie diesen grobschlächtigen Gauner von Chef noch länger ertragen kann, und in ihrem muffigen Büro ist sie auch nicht mehr glücklich. Adrian kann sich überhaupt nicht mehr auf seine Statistiken konzentrieren. Alles scheint sinnlos, was es auch ist. Die beiden beschließen, sich in Italien niederzulassen.

»Sofort!« meint Adrian.

»Nein«, sagt Marcia. »Wir arbeiten hier noch ein Jahr und legen so viel Geld wie möglich zurück. Wenn wir dann das Haus verkaufen und den Rest unserer Hypothek bezahlt haben, müßten wir ungefähr einhunderttachtzigtausend Mark haben.«

Sie schreiben an ihre Tante. Die ist entzückt und macht ihnen einen Vorschlag, wie sie ihr Geld dergestalt überweisen können, daß sie es verwahrt, ohne zu viel Ärger mit den englischen oder italienischen Behörden zu kriegen.

Am Ende des Jahres verkaufen sie, was sie haben, und begeben sich nach Italien. Unweit der deutschen Gemeinde mieten sie ein Haus und machen sich auf die Suche nach Land. Sie sind erstaunt, wie billig es ist, aber auch darüber, welche Schwierigkeiten es gibt, wenn man es kaufen will. Die meisten der kleinen Anwesen sind seit mindestens einem Jahrzehnt verlassen. In der Regel gehören sie mehreren Eigentümern, von denen einer in Amerika ist, und manche scheinen überhaupt keine Besitzer zu haben.

Schließlich kaufen sie ein schönes, altes toskanisches Bauernhaus mit drei Hektar Terrassen, einem Zehntel Hektar fruchtbarem Talgrund und einer ergiebigen Quelle an dessen oberem Ende.

Sie ziehen in das nackte, leere Haus und kampieren mehr oder weniger darin. Sie finden ihre Nachbarn freundlich – und unersättlich neugierig. Im vergangenen Jahr haben sie einen Intensivkurs in Italienisch absolviert und sprechen es bald recht geläufig. Ihr nächster Nachbar ist ein junger Mann namens Pascali, der mit seiner Mutter und zwei Schwestern zusammenlebt. Die Leute sind echte Bauern, obwohl sie für ihre eigenen Begriffe wohlhabend sind: Pascali macht mit seinem Traktor Lohnarbeit für andere Leute, während die beiden hübsch anzusehenden Schwestern und ihre Mutter ihre Kräfte auf dem Anwesen einsetzen.

Adrian bekommt einen Job bei Pascali: er fährt dessen zweiten Traktor. Er findet viel Freude daran, und obwohl er alle möglichen Fehler macht und mindestens ein halbes Jahr lang zur Belustigung der ganzen Gegend beiträgt, lernt er bald, seine Arbeit gut und wirksam zu tun. Er arbeitet jede Stunde, die Gott ihm schenkt und verdient einiges Geld, das er eigentlich gar nicht braucht. Vor allem aber lernt er die Einheimischen kennen, und sie ihn.

Derweil bemüht sich Marcia, das Haus wohnlich zu machen, schließt Freundschaft mit den italienischen Frauen und kultiviert nach und nach einen kleinen Garten. Die beiden haben beschlossen, an ernsthafte Landwirtschaft erst dann heranzugehen, wenn sie in ihrer neuen Umgebung richtig Fuß gefaßt haben. Aber sie reparieren Terrassenmauern, die eingestürzt sind, und kümmern sich um vernachlässigte Weinstöcke und Oliven-, Feigen- und Pfirsichbäume. Sie pflanzen auch neue Bäume, die so bald wie möglich Frucht tragen sollen, und unter der Anleitung der italienischen Frauen halten sie Kaninchen. Von den Deutschen kaufen sie Ziegenmilch.

Adrian und Pascali werden enge Freunde. Die Bemühungen des jeweils anderen um die fremde Sprache gereichen ihnen zu großer Heiterkeit; sie arbeiten beide hart (Adrian stellt fest, daß er ein geborener Mechaniker ist) und trinken in Gesellschaft von Freunden gemeinsam Wein in der Trattoria. Bald ist Adrian des Lokaldialekts recht mächtig.

Im zweiten Jahr beginnt Adrian weniger für Pascali und mehr auf seinem eigenen Anwesen zu arbeiten. Mit von Pascali geliehenen Maschinen kultiviert er sein Land, sät Weizen, pflanzt noch mehr Bäume und Weinstöcke, repariert das alte Bewässerungssystem und macht das kleine Anwesen wieder produktiv. Er beginnt, eigene Geräte zu kaufen, tut das aber nie, ohne Pascalis Rat einzuholen. Pascali rät ihm zumeist, etwas zu kaufen, was er, Pascali, braucht und nicht hat. Adrian arbeitet einen Teil seiner Zeit immer noch für Pascali. Allmählich wird ihm bewußt, daß sich zwischen ihnen beiden etwas wie eine De-facto-Partnerschaft entwickelt. Er denkt sehr ernsthaft darüber nach, ob er nicht einiges von seinem verbliebenen Kapital in Gerätschaften stecken soll, mit deren Hilfe er und Pascali ihre Aktivitäten ausweiten können.

Marcia fährt währenddessen in ihrem Kleinwagen herum und besucht oft Tante Flo in Florenz. Tante Flo besorgt ihr eine Teilzeitarbeit: Sie lehrt die Kinder einer italienischen Familie Englisch. Sie tut das zweimal pro Woche und erzielt damit eine kleine Einnahme.

»Du könntest sehr gut verdienen, wenn du das jeden Tag tätest und mehr Schüler nähmst«, sagt ihre Tante.

»Gerade das möchte ich nicht tun«, sagt Marcia.

»Warum denn nicht?«

»Ganz einfach: Weil wir das Geld nicht brauchen. Wir machen jetzt unseren eigenen Wein und tauschen von den Deutschen Milch, Wurst, Fleisch und Schinken ein. Dieses Jahr wollen wir auch unser Öl selber pressen. Nach der Weizenernte im nächsten Monat werden wir nie wieder Brot kaufen müssen. Gemüse haben wir zentnerweise. Und unsere Kaninchen schmecken uns immer.«

»Aber dein Auto kostet doch Geld.«

»Dafür genügt das, was ich hier in zwei Tagen pro Woche verdiene, vollauf, liebe Tante.«

So geht es weiter. Manchmal erinnern sich Adrian und Marcia daran, wie es war, als sie sich noch am Montag morgen in ihren U-Bahn-Waggon hineinkämpften . . .

3. Bill und Mary Holding halten es nicht mehr in Wimbledon (London) aus. Sie wollen ihren ganzen Lebensstil ändern. So ein Unternehmen jedoch sollte man, wie sie finden, gemeinsam mit anderen Familien angehen. Sie inserieren in der »Times« und lernen so drei andere Familien kennen. Zur Überraschung lebt eine davon seit Jahren gleich um die Ecke.

Wenn sie ihre Häuser verkaufen und ihr sämtliches Kapital zusammenkratzen, können sie zusammen dreihundertfünfzigtausend Mark aufbringen, stellen sie fest. Das Problem ist, daß nicht alle gleich viel Geld haben. Daß irgendwann jemand sagt: »Ich hab' viel mehr Geld reingesteckt als du!« wollen sie aber nicht. So gründen sie eine Gesellschaft mit beschränkter Haftung, in die alle ihr Kapital einbringen – manche weniger, manche mehr. Jeder behält etwa fünfzigtausend Mark für sich, und das ist vernünftig.

Nach langer Suche und ausgiebigen Überlegungen finden sie ein heruntergekommenes Landhaus mit zehn Hektar Parkland. Ein paar ziemlich angeschlagene Gewächshäuser gehören dazu, daneben ein schöner, von einer Mauer umgebener Garten, zwei große, durch einen Wasserfall verbundene Zierseen, viel gutes Holz und geräumige Nebengebäude.

Sie kaufen das Ganze zum Spottpreis von zweihundertzwanzigtausend Mark – außer ihnen interessiert sich ja auch niemand dafür.

Die Holdings beschließen, sich ganz der Bebauung ihres Landes zu widmen. Eine der anderen Familien meint, es sei besser, wenn ihr Brotverdiener noch ein oder zwei Jahre als Vertreter arbeitet, damit etwas mehr Geld hereinkommt. Simon, ihr fünfundzwanzig Jahre alter Sohn, hat eine Bildhauer- und Steinmetzausbildung genossen und übernimmt eines der Nebengebäude als Studio, und seine Schwester besorgt sich einen Job als Lehrerin in der örtlichen Schule. Die dritte Familie will sich zum Gelderwerb ernsthaft auf den Betrieb von Gewächshäusern und einer Pflanzenschule werfen, und die vierte – der Mann ist Baumeister – erklärt sich bereit, die nächsten paar Jahre auf Arbeiten an Häusern und Nebengebäuden zu verwenden. Die Trockenfäule hat ziemlich um sich gegriffen, und wenn sie das Dach nicht richten, fällt schließlich das ganze Haus zusammen. Alle wollen zusammensteuern für das

mit einem oder
zwei Motoren:

»Alaska«-Säge

Material, das der Baumeister braucht. Sein Sohn Bernie, der vorher Mitglied einer Popgruppe war, kauft für nicht billiges Geld einen »Alaska-Säge« genannten Apparat, eine Art Schlitten mit anmontierter Kettensäge. Bernie fällt einige von den reiferen Parkbäumen mit einer gewöhnlichen Kettensäge und schneidet mit der

»Alaska-Säge« Bretter daraus, die sein Vater verwenden kann. Dann besucht er einen Kurs über Forstwirtschaft und Verwendung von Waldprodukten.

Die Frau des Ex-Baumeisters übernimmt das Regiment in der Küche, und sie essen alle zusammen. Alle arbeiten abwechselnd in der Küche mit. Haus und Nebengebäude werden so fair wie möglich aufgeteilt, und jede Familie ist für ihren Bereich verantwortlich. Von Anfang an werden an die Sauberkeit hohe Anforderungen gestellt – die Leute wollen nicht zu einer verwahrlosten Kommune degenerieren wie so viele andere.

Es wird vereinbart, daß jeder Beteiligte die Hälfte seiner Einnahmen behalten kann; die andere Hälfte geht in den gemeinsamen Topf. Wer etwas tut, was kein Geld einbringt, aber dennoch für das Wohl der Gemeinschaft notwendig ist, bekommt Geld aus dieser Kasse.

Das ganze System bietet weiten Spielraum für Eifersüchteleien und Streit. Die älteren Mitglieder der einzelnen Familien sind indes reife Menschen; sie kennen diese Gefahren und sind entschlossen, sie zu vermeiden. Mit Ausnahme des Frühstücks werden die Mahlzeiten gemeinsam eingenommen (zur Frühstückszeit eignet sich kein normaler Mensch für die Gesellschaft anderer Angehöriger seiner Spezies!), und dabei werden Angelegenheiten von allgemeinem Belang diskutiert. Man beschließt, das Abendessen mit einem gewissen Zeremoniell zu begleiten. Die kleinen Kinder sprechen vor dem Essen abwechselnd ein Gebet – sie stürzen sich nicht einfach darauf wie Hunde –, und diese fast sakramentale Form der Abendmahlzeit verschafft ihnen ein echtes Gemeinschaftsgefühl.

Viele von ihnen nehmen am örtlichen Leben teil. Da sie alle Menschen mit einem gewissen Intelligenz- und Bildungsniveau sind, können sie viel zum sozialen Leben der weiteren Gemeinde beitragen. Umgekehrt ziehen sie selbst großen Gewinn daraus. Sie schließen Freundschaft mit Ortsansässigen und bringen sie mit in ihr Landhaus, das allmählich zu einem Zentrum des sozialen und kulturellen Lebens wird. Sie begreifen, daß nichts so sehr zum Scheitern verurteilt ist wie ein ganz auf sich selbst fixiertes Getto ehemaliger Städter. Parallel zur Ausweitung ihrer Beziehungen entwickelt sich auch ihr Handel. Ein Teil wird auf Tauschbasis abgewickelt, vielfach bezahlt man aber auch bar. Schecks werden kaum verwendet.

Ein paar Jahre vergehen, und der Baumeister und seine Familie wollen die Gemeinschaft verlassen. Sie ertragen es einfach nicht mehr, wie sich die kleineren Kinder der Holdings aufführen. Neunzigtausend Mark und viel harte Arbeit haben sie in das Unternehmen gesteckt, und seit dem Kauf des Anwesens hat es eine nicht unbeträchtliche Geldentwertung gegeben. Nun müssen sie jemand finden, der ihren Anteil übernimmt. Sie fragen herum, geben Anzeigen auf und geraten schließlich an ein im Ruhestand lebendes Paar, das bereit ist, einhundertdreißigtausend Mark für ihren Anteil zu zahlen. Eine Versammlung wird einberufen, bei der das Paar anwesend ist. Alle geben ihr Einverständnis, und der Handel wird abgeschlossen. Der Baumeister und seine Familie ziehen aus, das Paar zieht ein. Es investiert noch einen größeren Betrag in eine Fischzucht.

Nichts ist vollkommen. Menschliche Beziehungen sind immer wieder Belastungen der verschiedensten Art unterworfen. Uns bleibt nur, alles so zu regeln, daß jeder den Umfang seiner Rechte, Pflichten und Einflußsphären präzise kennt und genau weiß, was für eine Stellung er in seiner Gemeinschaft einnimmt. Dann bleibt nur noch zu hoffen, daß guter Wille und Toleranz den Rest besorgen.

Natürlich hat es zu allen Zeiten Gemeinschaften einander liebevoll zugeneigter Menschen gegeben, welche dieselben Ideen teilten und oft und inbrünstig der gleichen Religion anhängen. Solchen Menschen ist es immer wieder gelungen, ohne Streben nach persönlichem Gewinn und einzig und allein von der Idee des gemeinsamen Nutzens beseelt, zusammenzuarbeiten und -zuleben. Mitglied einer solchen Gemeinschaft zu sein, muß dem Himmel auf Erden gleichkommen.

Wir anderen, weniger vollkommenen Sterblichen müssen den richtigen juristischen und finanziellen Rahmen finden, der für unsere Gemeinschaften die bestmöglichen Vorbedingungen schafft.

Hier möchte ich noch ein Wort über rechtliche Formen der Partnerschaft sagen.

Helen (eine junge Frau, die auf dieser Farm lebt) und ich gingen heute morgen zu einem Anwalt in Fishguard. Der Anwalt ist klüger und ehrlicher als der Durchschnitt. Wir erklärten ihm, eine Partnerschaft eingehen zu wollen, und seine Antwort lautete etwa wie folgt:

»Die beste Form einer Partnerschaftsvereinbarung ist keine Partnerschaftsvereinbarung. Ich könnte alles, was Sie wollen, schriftlich ausfertigen und dafür fünfzig Pfund von Ihnen verlangen. Da werfen Sie Ihr Geld besser gleich ins Feuer. Wenn Sie einen schriftlichen Vertrag brauchen, dann sollten Sie keine Partner werden. Was haben sie im einzelnen vor?«

»Ich möchte Helen erlauben, auf einem Feld von zwei Hektar einen Gartenbaubetrieb fortzuführen«, sagte ich. »Ich stelle Land, Unterkunft, andere Gebäude, Umzäunung, überlasse ihr einen Traktor und andere landwirtschaftliche Maschinen zur Benutzung und ermögliche ihr den Verkauf im Farmladen usw. Sie zahlt für Saatgut, für eventuell benötigten Dünger und bringt ihre eigenen Kleingeräte ein. Den Gewinn wollen wir teilen.«

»Nun, dann tun Sie das einfach«, meinte er.

Beispiel eines Wohnhauses mit Nebengebäuden auf einem Kleinanwesen

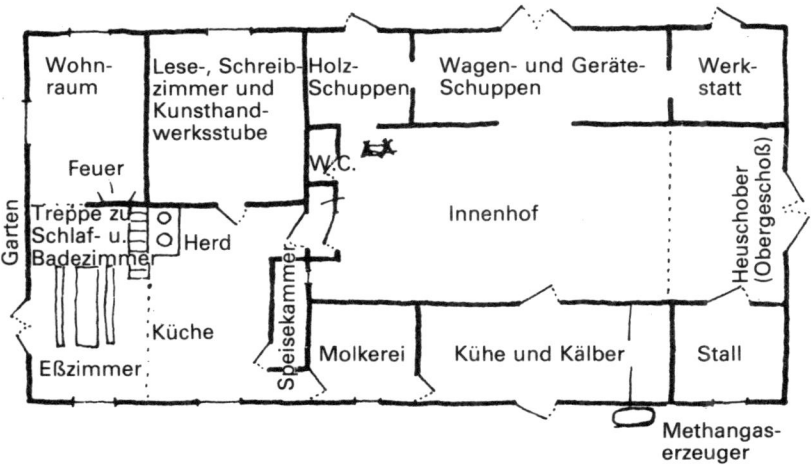

»Wir würde Ihrer Ansicht nach eine gerechte Gewinnverteilung aussehen?« fragte ich.

»Eine Gärtnerei ist sehr arbeitsintensiv. Der größte Teil des geleisteten Aufwandes besteht also aus der Arbeit. Ich hielte ein Verhältnis von 75 zu 25 für angemessen, wobei Helen 75 Prozent bekommen sollte«, erklärte er.

»Genau so hatte ich es mir auch vorgestellt«, sagte ich.

»Mir ist es recht«, meinte Helen. »Nur, was habe ich für eine Sicherheit? Angenommen, John wirft mich raus, nachdem ich viel Arbeit in die Sache investiert habe?«

»Ich verspreche dir, dich nicht rauszuwerfen, es sei denn, ich muß die Farm verkaufen«, erklärte ich.

»Also gut«, sagte dieser kluge Anwalt. »Genau so macht ihr es jetzt und werft euer Geld nicht für mich hinaus – so sehr ich es brauchen könnte.«

Die Angelegenheit war damit geregelt.

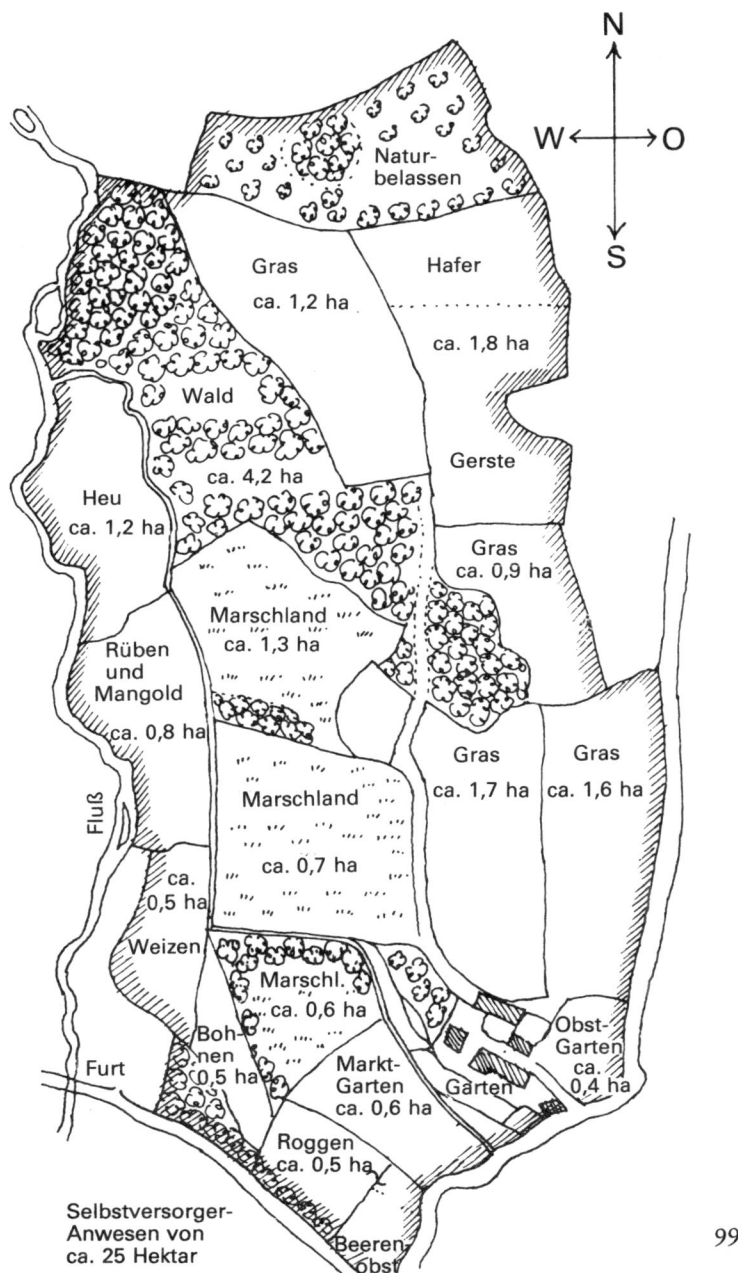

N
W ←→ O
S

Naturbelassen

Gras
ca. 1,2 ha

Hafer

ca. 1,8 ha

Wald

ca. 4,2 ha

Gerste

Heu
ca. 1,2 ha

Gras
ca. 0,9 ha

Marschland
ca. 1,3 ha

Rüben
und
Mangold
ca. 0,8 ha

Marschland

ca. 0,7 ha

Gras
ca. 1,7 ha

Gras
ca. 1,6 ha

Fluß

ca.
0,5 ha

Weizen

Marschl.
ca. 0,6 ha

Boh-
nen
0,5 ha

Furt

Markt-
Garten
ca. 0,6 ha

Garten

Obst-
Garten
ca.
0,4 ha

Roggen
ca. 0,5 ha

Selbstversorger-
Anwesen von
ca. 25 Hektar

Beeren-
obst

99

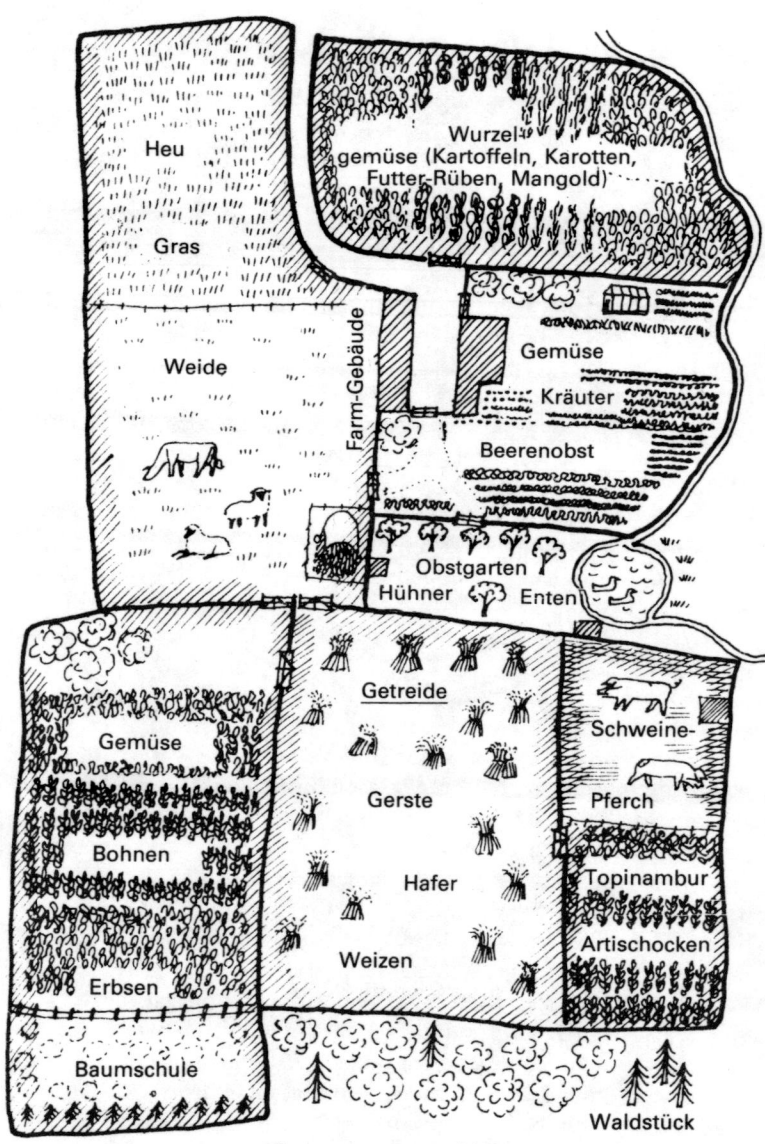

Heu

Gras

Wurzel-
gemüse (Kartoffeln, Karotten,
Futter-Rüben, Mangold)

Weide

Farm-Gebäude

Gemüse

Kräuter

Beerenobst

Obstgarten
Hühner   Enten

Gemüse

Bohnen

Erbsen

Baumschule

Getreide

Gerste

Hafer

Weizen

Schweine-

Pferch

Topinambur

Artischocken

Waldstück

Anwesen von ca. 2 ha

8 Die Landkultivierung

Immer mehr Anhänger gewinnt in verschiedenen Teilen der Welt eine Theorie, die besagt, der Bauernstand werde eines Tages ein Anachronismus sein, und daß wir dann alle *Gärtner* sein würden. Ich glaube allerdings, daß es sich hier um eine bloße Verwirrung der Begriffe handelt: Die chinesischen, japanischen und koreanischen Landleute, die in »Farmers of Forty Centuries« (vgl. S. 37) beschrieben sind, nannten sich Bauern und wurden vom Autor Bauern genannt, obwohl die meisten von ihnen nicht einmal einen Hektar Land hatten. Hier in England würde man sie Gärtner nennen. Vor der Revolution war China gemäß unserer Terminologie eine Nation von Gärtnern. Gott gab Adam und Eva den Garten Eden, damit sie ihn »hüteten und verschönerten«. Eden war ein Garten.

Zu den Personen bzw. Organisationen, die diese Gärtenstadt-Farmen-Theorie vertreten, gehören »Ecology Action« in Menlo Park, Kalifornien, und Alan Chadwick in Round Valley, Covello, Kalifornien. Mit ihrer Nomenklatur bin ich nicht einverstanden. Ich möchte einen Bauernhof nach wie vor einen Bauernhof nennen. Allerdings wäre ich dafür, daß entweder die einzelnen Höfe viel kleiner (und damit zahlreicher) würden, so daß viel mehr von uns Bauern sein könnten, oder daß sie bei gleicher Größe von mehr Menschen bewirtschaftet würden – möglichst nach den Prinzipien meines Partnerschaftsgruppensystems. Mit den allgemeinen Grundsätzen dieser Theorie bin ich hingegen einverstanden. Tatsache ist: Leute, die mit sehr intensiven Gartenbausystemen experimentiert haben, vor allem mit dem *Tiefbeetsystem*, das weitgehend von Alan Chadwick entwickelt wurde – diese Leute sind zu der Erkenntnis gekommen, daß es möglich ist, von vergleichsweise kleinen Bodenflächen ungemein hohe Ernteerträge zu gewinnen. Chadwick nennt Ergebnisse seiner Versuche; die Zahlen beweisen, daß mit der Tiefbeettechnik tatsächlich enorme Erträge erzielt werden können und daß, wenn diese Technik landesweit angewandt würde, ein nicht geringer Teil des heute landwirtschaftlich genutzten Bodens nicht mehr für diesen Zweck gebraucht würde. Wenn mein Temperament auch nicht so sanguinisch ist wie dasjenige Chadwicks oder der Forscher der Santa-Cruz-Universität, so haben mir meine eigenen Versuche mit Tiefbeetkulturen doch gezeigt, daß mit dieser Methode auf einer bestimmten Bodenfläche ein weit größerer Ertrag zu erzielen ist als mit konventionellen Verfahren. (Der Nachteil der Tiefbeetmethode ist allerdings, daß dieses Verfahren nicht mechanisiert werden kann – zumindest ist das bis jetzt noch nicht gelungen.)

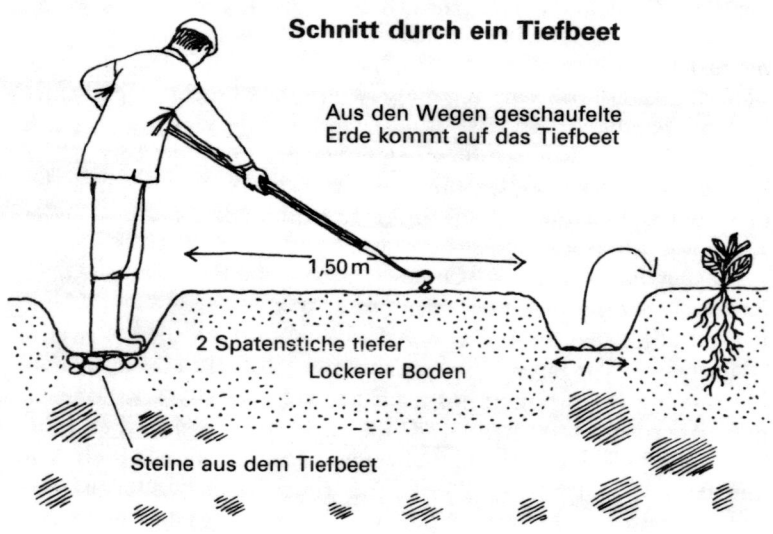

Schnitt durch ein Tiefbeet

Aus den Wegen geschaufelte
Erde kommt auf das Tiefbeet

← 1,50 m →

2 Spatenstiche tiefer
Lockerer Boden

Steine aus dem Tiefbeet

Englische Gärtner sind zwar dabei, eine mechanisierte Kulturmethode zu entwickeln, die höhere Erträge gewährleistet als frühere Verfahren. Sie arbeiten mit Traktoren, deren Spurweite größer ist als die Breite der Beete, welche auf diese Weise nicht zusammengedrückt werden (was gegen das Prinzip der Tiefbeetmethode wäre). Soweit ich feststellen kann, haben diese Gärtner aber nicht annähernd die Quadratmetererträge erzielt, von denen Chadwick und John Jeavons von der »Ecology Action« berichten. Und was die Kommerzgärtnerei an Erträgen tatsächlich schafft, bedarf eines hohen Aufwandes an aus Erdöl gewonnenen Chemikalien. Wir treuen Anhänger der Tiefbeetmethode gebrauchen überhaupt keine Chemikalien.

Was ich mit dieser langen Einführung sagen will, ist dies: Für die Produktion von Lebensmitteln kommt es nicht so sehr darauf an, wieviel *Land* zur Verfügung steht, als darauf, wieviel *Arbeit* wir zu investieren bereit sind. Mit anderen Worten: Arbeit kann Land ersetzen und umgekehrt. Auf einem Hektar äußerst intensiv kultivierten Bodens kann man mehr produzieren als auf fünf Hektar, in die weniger Arbeit investiert wurde. Pflügen Sie einen Hektar mit einem Schlepper, kultivieren Sie ihn, säen Sie Gemüse, harken Sie den Boden in der üblichen Art, und Sie bekommen einen Ertrag von der Größe x. Nehmen Sie nun ein Viertel der Fläche, kultivieren Sie sie nach der Tiefbeetmethode (d. h. mit beträchtlichem Arbeitsaufwand, aber möglicherweise mit nicht mehr, als Sie in die vierfache Fläche stecken) und Sie bekommen den gleichen Ertrag.

Wenn nun die Weltbevölkerung weiter anwächst und die Möglichkeiten der Nahrungsmittelversorgung wirklich bis zum letzten beansprucht, dann werden wir, ob wir das wollen oder nicht, zu einer sehr arbeits- und ertragsintensiven Art von Agrarwirtschaft gezwungen werden, der Art von Wirtschaft, wie sie die unzähligen Millionen im Fernen Osten schon seit Jahrtausenden pflegen. Gibt es *keinen* Zuwachs der Weltbevölkerung, bleibt uns die Möglichkeit, Agrarwirtschaft nach diesem System zu betreiben und einen beträchtlichen Teil des Bodens, den wir jetzt weniger intensiv bebauen, für das, was man etwas blaß mit »Erholungszwecke« umschreibt, zu verwenden. Natürlich gibt es noch eine Reihe anderer Möglichkeiten – Aufforstung, Anbau von Pflanzen, die als Brennstoff verwendet werden können oder Treibstoffe liefern, usw.

Der Teil meiner Farm, den ich zur Zeit einer Tiefbeet-Kultivierung unterziehe, besteht aus ziemlich kargem Boden – schwerem Lehm, der je nach Jahreszeit schlammig oder hart wie Beton war, voller Steine und sauer wie Essig. Nachdem ich den Boden seit nunmehr eineinhalb Jahrzehnten mit normalen Intensivmethoden bearbeitet habe (und auch mit unnormalen Methoden, indem ich nämlich des öfteren Schweinepferche darauf einrichtete), ist er jetzt ziemlich gut. Als ich dann auf das Tiefbeetsystem überging, hatte ich, fast wie durch ein Wunder, schließlich ausgezeichnetes Land und erziele sehr gute Erträge.

Worauf ich hinauswill, ist dies: Für Ihren gesamten Lebensmittelbedarf *brauchen Sie nicht sehr viel Land.* Auch besonders gut muß es nicht sein, obwohl das natürlich keineswegs schadet. Aber mit Arbeit und Mist kann man schlechten Boden in guten verwandeln. Und letztendlich ist es zweifellos besser, ein kleines Stück Land wirklich gut zu bebauen als ein größeres Stück weniger intensiv. Am Ende bekommt man den gleichen Ertrag (vielleicht sogar mehr) mit geringerem Arbeitsaufwand. Außerdem wird so weniger Kapital gebunden.

Mit der Tiefbeetmethode kann man auf einem Fünftel Hektar den gesamten Jahresbedarf einer durchschnittlich großen Familie an Gemüse und Kartoffeln erzeugen – und schon ein Zehntel Hektar könnte mehr als die Hälfte dieses Bedarfes hergeben. Wenn man außerdem zahme Kaninchen hält und vielleicht auch noch Hühner und einen Teil ihres Futters zukauft, hat man nicht nur ständig einen guten, stark stickstoffhaltigen Aktivator für den Komposthaufen (und damit kontinuierlich steigerbare Bodenfruchtbarkeit), sondern auch immer Eier und gutes Fleisch.

Wenn Ihr Land zu Ihrem Geldeinkommen beitragen soll, dann liegen die Dinge natürlich anders. In diesem Fall brauchen Sie, wenn Sie nicht ganz hochentwickelte Pflanzenzuchtmethoden anwenden, zweifellos mehr als ein Fünftel Hektar. Jan Spec, der im niederländischen Boskop eine bekannte Pflanzenschule betreibt, hatte nur gut drei Hektar, als ich ihn vor ein paar Jahren kennenlernte. Er beschäftigte ein halbes Dutzend Leute darauf. Aber eigentlich war das mehr ein Fabrikbetrieb – da wurde in einem fort okuliert und gepfropft und gepflanzt. Die Fertigkeiten Specs und seiner Leute auf diesen Gebieten waren sehr hoch entwickelt.

Auch Gewächshausanbau erfordert sehr wenig Boden, aber viel Anfangskapital, Geschick und Arbeitsaufwand. Wer sich nicht bestens damit auskennt, dem rate ich davon ab. Ich habe Freunde in der Industrie, die seit Jahrzehnten Gewächshausanbau betreiben und erwägen, ihn aufzugeben, weil er sich nicht mehr rentiert. Über Weizenproduktion in kleinem (Garten-)Maßstab ist in Europa sehr wenig publiziert worden (in Kalifornien gibt es darüber Arbeiten). Die Chinesen bringen es jedenfalls fertig, ihre Familie auf einer Fläche zu ernähren, die hiesigen Bauern lächerlich klein vorkommen würde. In Kalifornien sagte man mir, daß mit der Tiefbeetmethode zehn Tonnen Weizen pro Hektar erzielt werden könnten; mit eigenen Augen habe ich das, wie ich zugeben muß, noch nicht gesehen. Wenn man annimmt, daß sich der durchschnittliche Nahrungsmittelbedarf einer Person auf dreihundertfünfzig Kilogramm Weizen oder Weizenäquivalent beläuft, dann bedeutet dies, daß ein Hektar Land fünfundzwanzig Menschen ernähren kann. In den Weizen- und Hirsegebieten Nordchinas schafft man so ein Ergebnis ohne weiteres. Man fragt sich also, warum hiesige Selbstversorger glauben, für sich und ihre Familie mindestens vier Hektar zu brauchen.

Natürlich werden unsere vegetarisch lebenden Freunde nie müde, auf folgendes zu verweisen: Wenn man pflanzlichen Ernteertrag an Tiere verfüttert und dann die Tiere verspeist oder ihre Milch trinkt, bekommt man nicht annähernd so viele Energie-Kalorien pro Hektar, wie wenn man sich direkt von den Pflanzen ernährte. Die Zahlen, die hier genannt werden, gehen weit auseinander, vermutlich je nach Laune desjenigen, der mit ihnen etwas belegen möchte (wie es sich natürlich bei den meisten »Zahlen« verhält). Ich gebe nicht viel auf solche Informationen. Zunächst wird bei diesen Zahlenangaben der Düngewert der Überreste der Nahrungsmittel überhaupt nicht berücksichtigt. Die Vertreter dieser Meinung glauben offenbar, daß das, was Tiere einmal gefressen haben, bis auf den kleinen in Fleisch oder Milch verwandelten Anteil völlig verschwindet. Das trifft natürlich nicht zu. In den Gedärmen eines Tieres muß es zu einer beträchtlichen Stickstofffixierung kommen, denn der Dung, den sie liefern, ist viel reicher an fixiertem Stickstoff als das, was sie fressen. Wirft man frisches, eßbares Unkraut auf einen Komposthaufen, braucht es Monate, um zu verrotten. Füttert man es an Kaninchen (oder irgendwelche andere kräuterfressende Tiere), bekommt man in zwölf Stunden einen ausgezeichneten Dünger.

Außerdem: Mit was für wilden Zahlen über Kalorienaufwand

und -ertrag die Befürworter des Vegetarismus auch um sich werfen, Tatsache ist, daß mein Schwein, wenn ich ihm vier Pfund Gerste füttere, ein Pfund Fleisch ansetzt, und ich esse wirklich lieber ein Pfund gutes Schweinernes, als mich mit vier Pfund Gerste vollzustopfen. Wie die meisten anderen Angehörigen meiner Spezies habe ich einen hohen Eiweißbedarf – ich bin ganz weit oben an der Spitze der Nahrungsmittelkette. Ich lebe in einem kalten Klima und muß bei jedem Wetter schwer im Freien arbeiten. Dafür benötige ich sehr viel Energie, und dafür brauche ich Fleisch.

Es gibt zwei Arten von Vegetariern: Den einen kommt nichts, was irgendwie vom Tier stammt, über die Lippen. Sie nehmen also weder Milch noch Milchprodukte oder Eier zu sich. Sind sie sehr strenggläubig, dann gebrauchen sie weder Leder noch Wolle noch irgendwelche anderen tierischen Produkte. Deshalb können sie nur Kleidung aus Pflanzenfasern oder häufiger noch Synthetikmaterial tragen. Da sie es ablehnen, tierischen Dung zu verwenden, brauchen sie für ihren Anbau teuren und möglicherweise schädlichen Kunstdünger. Eine ausschließlich von solchen Menschen bevölkerte Welt wäre zwangsläufig eine Welt ohne domestizierte Tiere. Denn der Mensch kann Tiere nicht halten, wenn er nicht gewillt ist, eine gewisse Kontrolle über ihre Zahl auszuüben. Der empörende Anblick junger Rinder, die man in den hinduistischen Teilen Indiens hinausjagt und dem Hungertod preisgibt, ist ein Beispiel dafür – oder auch der Fall, wenn Affen Nahrungsmittel stehlen, während kleine Kinder an Unterernährung sterben.

Lacto-Vegetarier halten sich gerne Kühe oder Ziegen, weil ihnen Milch und Milchprodukte willkommen sind. Wo ich jetzt lebe, gibt es viele von ihnen. Sobald sie der Stadt den Rücken gekehrt haben (und da kommen sie alle her), kaufen sie eine Kuh oder eine Ziege, melken sie und bilden sich ein, wie human sie sind, weil sie die Tiere nicht töten.

Dann kriegt die Kuh ein Kalb. Wenn es ein Kuhkalb ist, können sie es aufziehen und ihrer Herde einverleiben oder es vielleicht jemand anderem verkaufen. Aber perverserweise ist es oft ein Bullenkalb. Und jetzt werden diese Leute mit der Realität konfrontiert.

So etwas habe ich immer wieder erlebt, und oft war ich dann der erfreute Empfänger eines Ziegenböckleins oder eines Bullenkalbs, dessen vegetarischer Besitzer nicht wußte, was er mit ihm anfangen sollte. Ich allerdings wußte es.

Das soll nicht heißen, daß sich alle Neusiedler Tiere anschaffen sollen. Selbstverständlich will ich Vegetarier nicht zum Fleischgenuß überreden. Je mehr Leute Fleisch essen, desto weniger ist von diesem Nahrungsmittel verfügbar. Hätte ich die Absicht, ein Stück Land zu bestellen, ohne irgendwelche Tiere darauf zu halten, würde ich ohne Zögern Stickstoff zukaufen, um ihn in meinen Kompost zu mischen. Selbst wenn es »unorganischer« Stickstoff wie etwa Kalkstickstoff (unorganischer Stickstoffdünger) wäre, würde mir das überhaupt nichts ausmachen, trotz der Tatsache, daß ich grundsätzlich »organischen« Anbau betreibe. Solch konzentrierten, fixierten Stickstoff würde ich nicht direkt auf mein Land aufbringen, denn dort würde er die Stickstoff fixierenden Bakterien abtöten. Ich würde ihn in kleinen Mengen unter meinen pflanzlichen Kompost mischen und so den zur Verrottung nötigen Bakterien den Stickstoff verabreichen, den sie für ihre Arbeit brauchen, und das erschiene mir durchaus legitim. Wenn ich tierischen Dünger von anderen Bauern eintauschen oder kaufen könnte, wäre das freilich noch besser. Und mit Sicherheit würde ich, wie ich das auch jetzt tue, den Inhalt meines Abortkübels verwenden. Eine Bekannte von mir schüttet den ihren auf den Komposthaufen, und ich habe noch nie schöneren Kompost gesehen. Allerdings mischt sie auch eine Menge Kuh-, Schweine-, Hühner- und Kaninchendung hinein. Ihr Garten ist wunderbar anzusehen.

Wer also nur die für ihn selbst oder seine Familie nötige Nahrung erzeugen will, dem rate ich, nicht mehr als das absolute Minimum an Fläche zu kaufen. Ein knapper halber Hektar reicht für pflanzliche Nahrung aus, ein weiterer halber Hektar für eine kleine Kuh. Wer also zwei Kühe braucht, benötigt 1,2 bis 1,3 Hektar. Diese Fläche liefert schon so viel Ertrag, daß man einiges weggeben oder verkaufen kann. In Suffolk hatten wir zwei Hektar fast reinen Sandboden (zumindest, als wir den Grund übernahmen – als wir ihn nach acht Jahren wieder verließen, war es ausgezeichneter Boden). Darauf hielten wir sechs Sauen und einen Eber sowie ihre Nachkommen, bis sie der Mutter entwöhnt waren – pro Jahr verarbeiteten wir drei davon selber zu Schinken –, dazu eine oder zwei Kühe, ungefähr fünfzig Hühner sowie ein Pferd. Zwar kauften wir von Zeit zu Zeit Futter zu und darüber hinaus Mehl zum Brotbacken; andererseits aber verkauften wir jedes Jahr etwa einhundertvierzig Ferkel, viele Eier, viel fettes Geflügel und manches andere. Jedes Jahr »exportierte« unsere Farm viel mehr, als sie »importierte«. Und außer Weizen, Mehl, Tee, Kaffee, Salz und Pfeffer kauften wir keinerlei Nahrungsmittel.

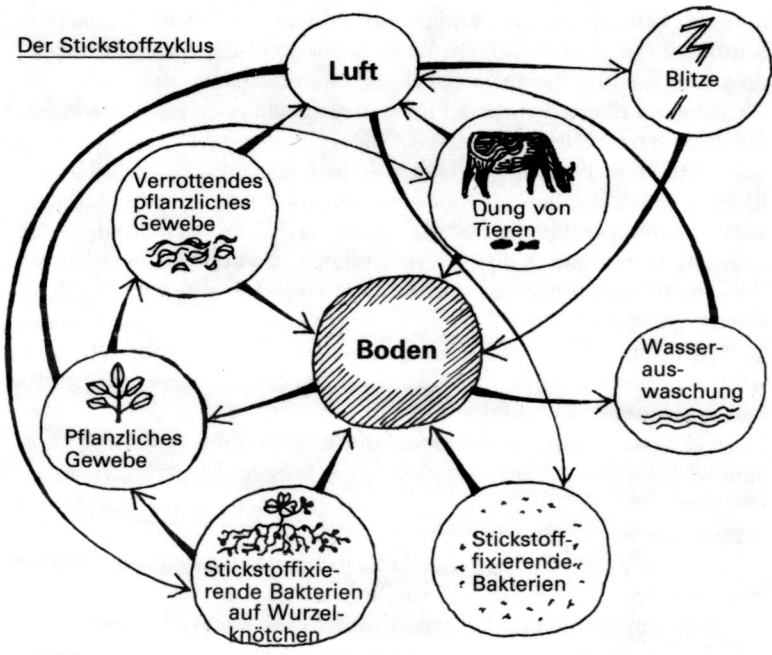

Der Stickstoffzyklus

Luft

Blitze

Verrottendes pflanzliches Gewebe

Dung von Tieren

Boden

Wasser-aus-waschung

Pflanzliches Gewebe

Stickstofffixie-rende Bakterien auf Wurzel-knötchen

Stickstoff-, fixierende Bakterien

Ich weiß, daß wir uns damit nicht etwa mit Chinesen verglei-chen konnten – aber wir waren keine Chinesen und *hatten* zwei Hektar und mußten nicht unbedingt besonders viel produzieren. Außerdem hatten wir noch nie von der Tiefbeetmethode gehört und auch keinen ausgesprochenen überdurchschnittlichen Ertrag angestrebt.

Die Produktivität von terrassiertem Land in Italien und anderen warmen Ländern ist zuweilen sehr groß, besonders wenn die Möglichkeit besteht, es in der trockenen Jahreszeit zu bewässern. Ein kombinierter Anbau mehrerer Feldfrüchte mit unterschiedlichen Erntezeiten ist in solchen Ländern verbreitet, wobei eine Ernte eingebracht wird, während eine andere, gleichzeitig auf demselben Boden ausgesäte Frucht noch heranwächst. Häufig werden auf diese Weise drei Ernten pro Jahr erzielt[1]. Auch in den meisten Teilen kühlerer Länder sollten in der Regel zwei Ernten möglich sein, wenn der Anbauer irgendeine Art mobilen Wetterschutz wie z. B. bewegliche Überdachungen aus Plastikfolie verwendet. Wenn man zunächst in speziellen Saatbeeten aussät und die jungen Pflänzchen dann in Zwischenbeete versetzt, ehe man sie an ihren endgültigen Platz verbringt, kann man viel Zeit gewinnen. Auf dem Boden, der eine solche Anpflanzung letztlich aufnimmt, kann nämlich in der Zwischenzeit etwas anderes wachsen. Das ist auch der Grund, warum chinesische, japanische und auch indische Reisanbauer ihre Reispflanzen in Saatbeeten heranwachsen lassen und dann die große Strapaze auf sich nehmen, sie umzusetzen: Auf diese Weise gewinnt man Zeit und nützt das Land besser. Während die Reispflanzen in den kleinen Saatbeeten heranwachsen, geben die eigentlichen Reisfelder eine andere Ernte her, häufig eine Trockenlandfrucht wie etwa Weizen.

In unseren eigenen Gärten könnten wir viel öfter auf diese Weise verfahren.

Aber warum soll ich mir mit meinen fünfundzwanzig Hektar Gedanken über Intensivanbau auf kleinen Flächen machen? Ich wäge Land gegen Arbeit auf, d. h., ich nutze eine Menge Boden nur extensiv, weil ich auf diese Weise mit weniger Zeitaufwand den gleichen Ertrag erziele. Allerdings strebe ich in dieser Hinsicht eine Veränderung an. Ich bemühe mich, mehr und mehr Leuten auf meiner Farm eine Lebensgrundlage zu bieten. Der Zuwachs an Arbeitspotential erlaubt intensiveren Anbau, aus dem ein höherer

[1]Auch außerhalb der sog. »warmen« Länder gibt es solche Verfahrensweisen. Kleinsamige Kulturen, die auf maschinell bearbeiteten Böden nur schwer gedeihen könnten, werden zusammen mit einer großkörnigen »Führungsfrucht« ausgesät und erst eine gewisse Zeit nach dieser geerntet. Beispiele: Sommerroggen/Karotten; Sommergerste/Rotklee.

Ertrag resultiert. So kann ein Hektar Boden mehr Menschen ernähren.

Es gibt keinen Zweifel daran, daß der Welt eine Zeit der Lebensmittelknappheit bevorsteht. Aus diesem Grund muß es mit der althergebrachten großbäuerlichen Gewohnheit der extensiven Bewirtschaftung ausgedehnter Flächen mit dem Verhältnis der zu geringen Erträge ein Ende haben. Das einzige, was wir in der Zukunft im Überfluß haben werden, ist menschliche Arbeitskraft; Land hingegen wird knapp werden. Wir müssen also unser überschüssiges Arbeitspotential so einsetzen, daß wir aus möglichst geringer Fläche einen möglichst großen Ertrag herausholen. Sogar die Praxis, Wintergetreide auszusäen, erscheint mir fragwürdig. Wintergetreide (Weizen, Gerste, Hafer und Roggen) wird im Herbst ausgesät, überwintert und wird im Sommer des nächsten Jahres geerntet. Frühjahrsgetreide hingegen wird im Frühjahr gesät und im darauffolgenden Sommer geerntet. Die Wachstumszeit ist also deutlich geringer. Vielfach wird allerdings das Wintergetreide von den Bauern bevorzugt, weil es ertragsintensiver ist.

Man bedenke jedoch: Wintergetreide nimmt das Land fast ein Jahr in Beschlag. Währenddessen könnte das Land vielleicht fünf Monate lang anderen Zwecken dienen, für Gras zum Beispiel oder Winterroggen, der zum Frühjahrsbeginn abgeweidet werden könnte, ehe das Sommergetreide ausgesät wird. Als Winterfutter für Schafe oder Rinder könnte man Kohl oder Raps oder Rüben aussäen oder Topinambur[1] für die Schweine.

Nehmen wir die Herausforderung an: Bemühen wir uns, aus unserem Fleckchen Land den höchstmöglichsten Nahrungsmittelertrag herauszuholen. Je intensiver man den Boden bearbeitet, desto mehr wird er produzieren. Die Bodenpreise steigen ohnehin ständig, und deshalb ist ein solches Verhalten am sinnvollsten, obgleich eine derartige Bewirtschaftung viel Erfahrung und Wissen erfordert.

Schaut man sich in der Stadt in Kleingärten um, so sieht man leider oft wenig Erfreuliches: Brassica (Kohlpflanzen), die fast immer unter Pilzbefall leiden, Kartoffeln, die häufig von Fadenwürmern befallen sind, und immer wieder unkrautüberwucherte

[1]Pflanze mit kartoffelartigen Knollen, die auch als Gemüse gegessen werden können.

Gärten. Ein gut gepflegter, gut gedüngter Kleingarten kann ungemein produktiv sein. In dem Maße, wie sich die Tiefbeetmethode verbreitet – wie sie das in Amerika schon getan hat –, können Schrebergärten einen nicht ganz unbeträchtlichen Teil der Nahrungsmittelversorgung eines Landes sicherstellen. Den dummen und meist wirklich böswilligen Beschwerden gegen die Haltung von Hühnern und anderen Tieren in solchen Kleingärten wird heutzutage zum Glück immer weniger Beachtung geschenkt (und man wird sie gänzlich beiseitefegen, wenn man begreift, daß es wichtiger ist, etwas zum Essen zu haben, als nicht von einem krähenden Hahn geweckt zu werden), und damit kann sich auf diesen Böden von neuem wirkliche Produktivität entwickeln. Als ich ein Junge war, war es das Schwein des Häuslers, das den Garten des Häuslers so produktiv machte, anerkennenswert unterstützt vom Inhalt seines Abortkübels.

Vom *Boden* muß man viel wissen.

Leichter Boden ist sandiger Boden, d. h. aus groben Teilchen bestehender Grund. Schweres Land ist lehmiges Land, aus sehr kleinen Partikeln bestehender Boden. Durch leichten Boden sickert das Wasser rasch durch, und deswegen trocknet er in Dürrejahren leicht aus. Im Frühjahr erwärmt er sich viel rascher als schwerer Boden und ist deshalb weit besser für Frühaussaaten geeignet. Schwerer Boden ist kalt, bringt spätere Ernten, trocknet aber nicht so schnell aus.

Leichter Boden ist minderwertig. Bauern nennen ihn »hungriges Land«. Damit meinen sie, daß er eine Menge Dünger verschlingt. Leichter Boden ist nicht schwer zu bearbeiten – sogar wenn es regnet, kann man ihn umgraben oder pflügen. Schwerer Boden ist kein »hungriges Land« – eine geringe Menge Dünger bringt bereits viel. Solch ein Boden ist im allgemeinen fruchtbar, aber schwer zu bearbeiten – bei Nässe fast gar nicht. Tut man es trotzdem, zerkrümelt man die winzigen Partikel, und er nimmt die Beschaffenheit von Töpferlehm an und wird unfruchtbar. Bei Dürre wird er hart wie Beton und bekommt große Risse.

Der günstigste Boden ist »leichter« Lehm, der auch Sand und viele andere Komponenten enthält. Aber selbst den leichtesten Grund kann man in guten, starken Boden verwandeln, wenn man viel Mist oder Kompost aufbringt und außerdem Kalk, wenn er es braucht, (d. h., wenn er sauer ist). Auch schwerer Lehm reagiert auf eine solche Behandlung. Organischer Dünger in größeren Mengen macht ihn leichter, wasserdurchlässiger, besser bearbeitbar, und er verkrümelt auch nicht.

Leichter, gut drainierter Boden eignet sich für die Pferchhaltung von Schweinen, Schafen oder anderen Tieren (wobei man die Pferche immer wieder verlegt). Schwerer Lehm ist dafür weit weniger geeignet. Pferchhaltung von Schweinen auf schwerem Boden bei nassem Wetter führt zu einer Schädigung der Bodenstruktur.

Wenn Sie also beim Landkauf die Wahl haben, wählen Sie einigermaßen leichten Boden. Er ist besser zu bearbeiten, gesünder für Tiere und günstiger für Gartenbau und Bodenfrüchte, die frühen Ertrag bringen. Schweres Land taugt allerdings für ein paar andere Zwecke besser: Grasweiden gedeihen darauf, genauso wie Weizen. Für Weizen eignet sich sehr leichter Boden nicht sonderlich. Für Gerste ist er hingegen günstig, für Roggen auch. Die meisten Kulturpflanzen lieben gemischten Boden mit größerem Lehmanteil. Äpfel gedeihen auf einigermaßen schwerem, gut drainiertem und gedüngtem Boden. Keine Frucht, die ich kenne, mag schlecht drainierten Boden. Pfirsiche wachsen auf Sand (wenn auch nicht in England).

Gute Drainage des Bodens ist überaus wichtig. Nasses Land ist spätes (bis etwas darauf wächst, dauert es weit hinein in den Sommer), ungesundes und unproduktives Land. Bei Dürre leidet nasses Land oft weit mehr als gut drainiertes Land, was von Bedeutung ist, wenn es um Weiden geht. Das hängt damit zusammen, daß Gras auf nassem Land nur sehr kurze Wurzeln hat. In einer Dürreperiode sinkt der Grundwasserspiegel beträchtlich ab, und die oberen Bodenschichten, in denen sich diese Graswurzeln befinden, trocknen aus. In gut drainiertem Land reichen die Graswurzeln von vornherein tief und leiden deswegen nicht so unter Dürre. Wie schon gesagt, läßt sich jedwedes Land drainieren – oft aber nur unter *erheblichem Kostenaufwand.*

Sehr »seichter« Boden wie zum Beispiel Lehm auf Kalkuntergrund ist ohne entsprechende Kultivierungsmaßnahmen sehr unproduktiv. Auf die Gefahr hin, den Leser zu ermüden, muß ich sagen, daß das Rezept hier Tiefbeetmethode heißt. Am oberen Ende meines ziemlich langgestreckten Gartens hatte ich eine Fläche, von der der größte Teil des Humus von einem Ausläufer eines Baches weggeschwemmt worden war. Ich richtete ein Tiefbeet darauf ein, wobei ich ziemlich tief in den steinigen Untergrund hineingrub, der hauptsächlich aus Kies bestand. Den Kies schüttete ich zu beiden Seiten des Tiefbeets auf, wo er einen hübschen, trockenen Pfad abgibt, und ließ die Bodenkrume liegen, die nach Entfernung der Steine übrigblieb. Das Ergebnis ist erstaunlich. Ich habe fruchtbaren Boden, wo vorher keiner mehr war. Gefördert wurde der Vorgang natürlich durch die reichliche Aufbringung von Mist. Jedenfalls habe ich jetzt ein schön tiefes, steinloses Tiefbeet. Links und rechts davon ist sehr karger, alter Boden, auf dem kaum etwas wächst. Diese Fläche werde ich in gleicher Weise behandeln müssen.

Auch bei schwerem Lehmboden bringt das Tiefbeet sehr viel. Da die Bodenkrume dabei porös und lose bleibt, hat die Luft ausreichend Zugang, Wasser läuft ab oder kann darin hochsteigen, Würmer haben Bewegungsfreiheit und bringen Humus von der Oberfläche in tiefere Schichten, Pflanzenwurzeln können tief eindringen. Nach ein paar Jahren ist das, was einst schwerer Lehm war, kein Lehm mehr. Auch sandiger Boden reagiert auf die Tiefbeetmethode. Aber aufgepaßt: In einem trockenen Frühjahr muß man Samen und kleine Sämlinge ein paar Tage hindurch bewässern, bis sie »Fuß gefaßt« haben. Dann werden sie ihre Wurzeln bald tief durch die lockere Krume strecken und die Feuchtigkeit finden, die sie brauchen.

Der pH-Spiegel eines Bodens (d. h. der Gehalt an Säuren bzw. Alkali) läßt sich mit einem einfachen Hilfsmittel bestimmen, das man in jeder Gärtnerei oder Drogerie bekommt. Die genaue Anweisung steht auf der Schachtel. Zu großer Säuregehalt kann durch das Aufbringen von Kalk korrigiert werden. Von sehr saurem Land sollte man freilich die Finger lassen. Ehemals mit Nadelholz bestandener Boden ist praktisch nutzlos und nicht mehr für normale landwirtschaftliche Nutzung kultivierbar. Nicht einmal mehr Nadelbäume wachsen darauf. Heideland kann sehr sauer und ziemlich unbrauchbar sein, aber selbst solcher Boden läßt sich meiner Ansicht nach nutzbar machen – mit viel Zeitaufwand, viel Mist, viel Gründüngung¹ und Tiefkultivierung. Das braucht Zeit. Aber hüten Sie sich vor Land, auf dem Rhododendren gut wachsen.

Eine ausführliche Behandlung der mit Boden und seiner Behandlung zusammenhängenden Fragen würde den Rahmen dieses Buches sprengen. Ich kann nur Hinweise geben, worauf beim Landkauf zu achten ist.

¹Anpflanzung, die nicht abgeerntet werden soll, sondern durch Umgraben, Pflügen oder mit Hilfe einer Bodenfräse in das Erdreich eingearbeitet wird, um seine Fruchtbarkeit zu erhöhen.

9 Die Gebäude

Wenn ich mich nicht irre, ist mir noch nie ein Bauer oder ein ernsthaft Landwirtschaft treibender Siedler begegnet, der glaubte, genug Gebäude zu haben. Ich selbst habe auf meiner kleinen Farm den umbauten Raum in den letzten fünfzehn Jahren vervierfacht, und immer noch reichen mir meine Gebäude nicht annähernd. Allerdings scheint mir, daß wir in dieser Hinsicht heutzutage etwas verwöhnt sind. Zum Beispiel meinen wir alle, ausreichenden Speicherraum für unser gesamtes Heu, Stroh und Getreide haben zu müssen. In meiner Jugend gab es auf jedem Hof eine schöne Reihe strohgedeckter Heuhaufen und Kornschober, die wirklich wunderbar aussahen. Einen Schuppen mit Stroh zu decken, ist äußerst einfach, und ich habe schon erlebt, daß gut mit Stroh abgedeckte Heuhaufen trocken und intakt drei Jahre lang stehen blieben. Das Problem ist natürlich, daß Heu heutzutage in Ballen gepreßt wird. Es ist sehr schwierig, Heuballen so zu stapeln, daß ihnen das Wetter nichts anhaben kann. Deswegen gibt es jetzt auf jeder Farm diese großen Heuschober aus Wellblech oder Asbestplatten. Es gibt aber kein Gesetz, welches vorschriebe, daß Heu zu Ballen gepreßt werden müßte – immer noch steht uns frei, es lose zu transportieren und zu Haufen zu schichten. In Nordamerika, wo es Holz und Energie im Überfluß gab, errichteten die Siedler gewaltige schindelgedeckte Scheunengebäude aus Holz, die heute noch stehen. Die friesischen Bauern zimmern riesige Dächer in umgekehrter V-Form, die fast bis zum Boden reichen und Menschen, Kühe, Schweine, Heu, Hühner, Maschinen und alles andere beherbergen; es handelt sich also um ein einziges, großes Dach für das ganze Anwesen.

Wenn ich mir überlege, was der durchschnittliche Selbstversorger oder eine Selbstversorger-Gemeinschaft an Gebäuden braucht, gehe ich zunächst einmal in Gedanken durch, was ich auf meiner eigenen Farm habe: Wohngebäude, Feuerholzschuppen, Kuhstall, Heuschober, Getreidestadel, Schweinestall, Raum für Sattel- und Zaumzeug, Schuppen für Dreschmaschine, Worfler[1] und verschiedene Mühlen, Schreinerei, Metallwerkstätte, Geräteschuppen, Fahrzeugschuppen, Drechslerwerkstätte, Raum für die Butterherstellung, Käserei, Käseladen, Schlachthaus, Brauerei, Schreibzimmer für mich, Farmbüro. Obwohl wir fünfzehn Schlafzimmer auf der Farm haben, wären wir über ein paar mehr durchaus froh: Fast immer gibt es hier irgendwelche Leute, die auf dem Fußboden schlafen. Insgesamt könnten wir noch viel mehr umbauten Raum brauchen. Der größte Teil des Traktoren- und Pferdezubehörs steht im Freien, und der Traktor meist auch. Wegen der Ausweitung unserer Käseherstellung brauchen wir eine neue Käserei. Wir vergrößern unsere Kuhherde und benötigen deswegen einen größeren Stall. Jemand möchte sich hier als Töpfer betätigen, jemand anderer braucht einen Schuppen für seinen Webstuhl. Zusätzliche Gewächshäuser sind dringend erforderlich.

In Gebäudefragen Ratschläge zu geben, ist ziemlich schwierig. Es gibt jedoch gewisse Prinzipien, auf die ich hier kurz eingehen möchte.

Zunächst kann man Zeit gegen Geld und Geld gegen Zeit eintauschen. Unsere Vorgänger auf dieser Farm hatten offenbar kein Geld, aber viel Zeit. Als Gott die Zeit schuf, schuf er sehr viel davon. Unsere Vorgänger kannten weder Zement noch Gußsteine oder Ziegel. Sie errichteten schöne Gebäude mit auf den Feldern gesammelten Steinen, zusammengehalten (wenn überhaupt) von Erde, d. h. reinem Lehm oder Lehm-Mörtel. Um überhaupt stehenbleiben zu können, mußten die Mauern eine enorme Dicke aufweisen. Ist das Dach schadhaft, zerfallen die Wände rasch; der Erdmörtel löst sich dann auf, und die Steine fallen aus der Mauer.

Die älteren Häuser waren mit rohen Brettern und Stroh gedeckt. Später benutzte man Schieferschindeln. Noch später verwendete man präziser geschnittene Bretter – in diesem Stadium begann man, Geld für Zeit einzutauschen – und dünnere Schiefer-

[1] Getreidereiniger, der mittels eines Gebläses die Spreu vom Korn scheidet.

platten. Glasfenster gab es zunächst nicht; die Feuerstätten waren aus groben Steinen zusammengefügt, und durch die weiten Kamine konnte man den Himmel sehen.

Ich bin sicher, daß ich heute auf meiner Farm ein Haus bauen könnte, ohne irgend etwas von außerhalb zuzukaufen, und kosten würde es keinen Pfennig. Kosten würde es allerdings eine Menge Zeit, und Glasfenster hätte es nicht. Jeder kann gute Ziegel formen und brennen. Jeder kann Mörtelkalk brennen. Jeder kann Bäume fällen und mit einer Krummaxt grob bearbeiten.

Ich will damit nicht sagen, daß irgend jemand so etwas tun sollte. Die Umstände liegen in jedem einzelnen Fall anders. Es gibt etliche moderne Industriematerialien, die heutzutage so billig sind, daß es fast ein Verbrechen ist, wenn man sie nicht verwendet – altes Wellblech zum Beispiel. Ich habe eine Technik entwickelt, wie man das schadhafteste, löcherigste Wellblech verwenden kann. Zuerst kommt eine Lage Wellblech mitsamt allen Löchern. Darüber legt man überlappend Plastik-Düngersäcke, die vom nächsten Händler erbettelt wurden – er hat tausende davon und ist froh, wenn er sie loswird. Darüber kommt eine zweite Lage altes Wellblech. Das Ganze wird aufgenagelt. So ein Dach wird nie undicht; es hält Jahrzehnte, isoliert recht gut und schwitzt nicht[1].

Um Gottes willen – altes, verrostetes Wellblech? Wie scheußlich! Aber ein riesiges Minus auf dem Bankkonto ist noch viel scheußlicher, das kann ich bezeugen.

Sie wollen auf Ihrem Anwesen zusätzliche Gebäude errichten? Hier ist eine Liste möglicher Materialien:

Mauern und Wände

Guß- und Hohlblocksteine sind spottbillig, schnell zu verarbeiten und sehr dauerhaft – aber wie öde!

Stroh hat den unschätzbaren Vorteil, daß man es auf frischgeschnittene, ungetrocknete Bretter legen kann. Wenn man das Holz zuerst entrindet und in Kreosot taucht, wird es nicht vom Holzkäfer befallen und hält ein Leben lang. Das Stroh hält nicht so lange – es muß von Zeit zu Zeit ersetzt werden. Die Lebensdauer schwankt zwischen zwei und siebzig Jahren, je nach Strohart,

---

[1] (ist aber baugesetzlich wohl nicht in jedem Lande statthaft).

Klima und Neigung des Daches. Stroh auf dem Dach sieht gut aus, hat die beste Isolierwirkung, die man kennt, erfordert Geschick bei der Anbringung und *enorme* Mengen Material: Wenn Ihr Strohhaufen halb so groß ist wie das Haus, das Sie decken wollen, kommen Sie hin. Wenn Sie altes Stroh entfernen müssen, liefert es guten Kompost.

Nur ein Wort der Warnung: Für Wände sollten Sie Stroh nicht verwenden. Ich hatte einmal ein Maschinenhaus, dessen Wände mit Strohmatten versehen waren, aber die Kühe wollten es immer wegfressen!

Stein. Es wäre wenig sinnvoll, mit Stein zu bauen, wenn man nicht in einer Gegend lebt, wo Naturstein in nicht allzu großer Entfernung gewonnen werden kann. Man unterscheidet zwei Hauptarten: Sandstein und Nicht-Sandstein. Sandstein kann mit Keilen zu schönen, rechtwinkligen Blöcken verarbeitet werden; mit diesen Steinen läßt sich am leichtesten bauen.

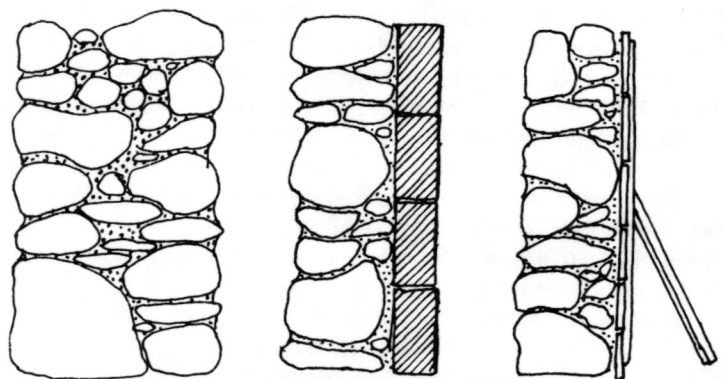

**Drei Methoden des Mauerbaus mit
Naturstein und Zement**

Lebt man in einer Sandsteingegend, dann gibt es keine Probleme, abgesehen vielleicht davon, daß man der Versuchung widerstehen muß, auf die billige Tour zu verfallen und auch noch Beton, Ziegel oder – noch kitschiger – »Kunststein« einzubauen. Wozu sollte man guten Sandstein zermahlen, wieder zu Blöcken gießen und dann damit bauen, wenn man mit etwas mehr Aufwand und Mühe mit dem echten Sandstein bauen kann?

Wenn Sie wie ich in einer Gegend leben, wo das Gestein vulkanischen Ursprungs ist und vom Gletschereis herumgerollt worden ist, so daß die einzelnen Stücke meist eine runde Form haben, dann wird es schwierig. Mit solchem Material kann man keine schlanken, eleganten Wände bauen – das wäre so, als wollte man aus Rugby- und Fußbällen Mauern errichten. Bauen Sie nach Altvätersitte mit Erdmörtel oder vielleicht einer Mischung aus Erdmörtel und gelöschtem Kalk, dann müssen die Mauern gut einen Meter dick sein – oder sie bleiben nicht stehen. Baut man mit gebräuchlichem Mörtel aus Sand und Zement, kann man dünnere Mauern hochziehen, aber ziemlich plump bleiben sie trotzdem. Auf die eine oder andere Weise kann man freilich ein bißchen mogeln. Man kann eine dünne Wand aus Beton oder Gußsteinen hochziehen, an die man dann einfach eine Natursteinwand anbaut. Oder man zimmert an der Innenseite des Hauses eine Verschalung, baut eine dünne Steinwand an der Außenseite und gießt eine Mischung aus Zement, Wasser und Sand zwischen Verschalung und Stein. Ich habe beides ausprobiert; die Methode mit den Gußblökken ist wahrscheinlich die einfachste, aber auch etwas teurer. Im übrigen kann man seine Gußsteine selbst aus einer Mischung von Zement und Sand oder gestampfter Erde herstellen.

Der Vorteil einer Innenwand aus Beton hinter einer Steinmauer liegt darin, daß die Wand eine glatte Fläche bekommt und daß man leicht Löcher für Dübel hineinbohren kann.

Der Nachteil aller Steinmauern, außer, wenn sie besonders dick sind, ist, daß Höhlungen nur sehr schwer einzubauen sind. Wenn man es recht anfängt, gibt es allerdings auch ein großes Plus: Dicke Steinmauern können der Wärmespeicherung dienen. Bauen Sie eine dicke, solide Steinmauer mit oder ohne innere Betonfassade, und lassen Sie sie außen mit Isolierschaum besprühen. Der Schaum verhärtet sich zu einer wasserdichten Haut mit großem Isoliervermögen. Die Mauer nimmt von innen die Hitze auf, die der Isolierschaum nicht nach außen gelangen läßt, und wenn kein Feuer mehr brennt, kriecht die Wärme ins Haus zurück. Der Nachteil ist, daß eine so behandelte Wand nicht wie eine Steinmauer wirkt. Schlecht sieht sie trotzdem nicht aus – voller Rundungen, als sei das Haus aus Lehm gebaut.

Ziegel lassen sich gut verbauen, sobald man den Bogen raus hat und wenn man bis dahin wirklich langsam und sorgfältig vorgeht. In Gegenden ohne Naturstein sind sie ein gutes Material, denn sie sind billig, vielseitig verwendbar, erlauben den raschen Bau einer dünnen Mauer (gegebenenfalls mit einer Nische darin) und sie können gut aussehen. Bei den modernen drahtgeschnittenen Industrieziegeln kann davon allerdings kaum die Rede sein. Handgemachte Ziegelsteine hingegen sehen sehr gut aus. Einzelheiten des Ziegelmachens und -brennens sind in meinem Buch »The Complete Book of Self Sufficiency«[1] beschrieben.

Ungebrannte oder »rohe« Ziegel sind in trockenen Klimazonen praktisch; auch in Mitteleuropa halten sie eine gewisse Zeit, wenn man ihnen »Kopf und Füße trocken hält«. Man sollte sie gut vergipsen, damit sie der Regen nicht von der Außenseite her wegwäscht. Allerdings sind sie in einem feuchten Klima auch schwer herzustellen.

Fachwerk

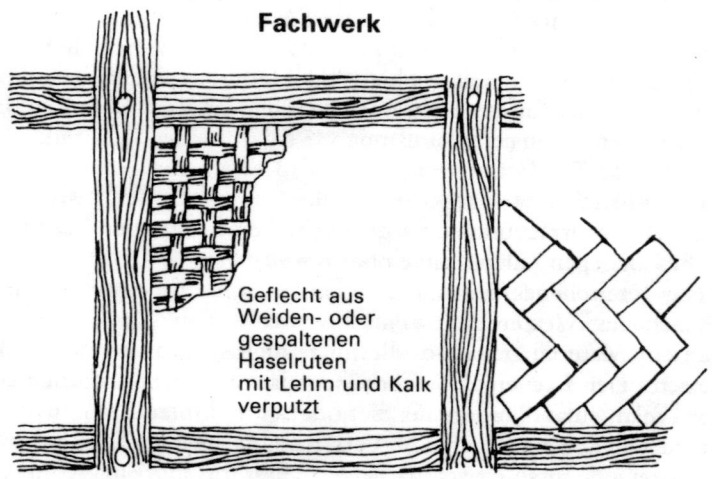

Geflecht aus
Weiden- oder
gespaltenen
Haselruten
mit Lehm und Kalk
verputzt

Fachwerk ist so, wie das Wort klingt. Die großen Zwischenräume zwischen den Balken wurden traditionell mit einem Flechtwerk aus gespaltenem Haselnußholz oder Weidenruten verschlossen, das mit Lehm, oder Lehm und Kalk überzogen war. Man kann auch Ziegel dazu verwenden. Wenn Sie alte oder schlechte Ziegel

[1] »Das große Buch vom Leben auf dem Lande«

haben, die keinen Druck mehr aushalten, könnte dies die richtige Methode für Sie sein. Eigentlich kann man zum Füllen fast alles verwenden. Allerdings ist Holz von den für diesen Zweck notwendigen Dimensionen heutzutage sehr teuer. Wenn Sie stehendes oder gefallenes Holz besitzen oder daran herankommen können und sich eine Alaska-Säge besorgen, können Sie die nötigen Vierkanthölzer selbst herstellen.

Denken Sie bei Fachwerkgebäuden daran, daß es besser ist, die senkrechten Balken nicht im Boden zu versenken, weil sie dort verrotten. Stellen Sie sie auf flache Steine oder Zementsockel, so daß ihr Fuß trocken bleibt, dann werden sie ewig halten.

Holzverkleidungen kann man als Fassaden für Fachwerkbauten verwenden. Sie sind teuer, aber leicht zu verarbeiten. Wenn man das Holz entsprechend behandelt, und die Imprägnierung auf der Außenseite in gewissen Zeitabständen erneuert, hält es hundert Jahre. Optisch wirkt eine solche Verkleidung sehr gut.

Gestampfte Erde ist billig und praktisch. Man baut eine Verschalung und stampft einfach trockene (oder leicht angefeuchtete) Erde hinein. Wenn man die Erde mit einer sehr kleinen Beimischung von Zement stabilisiert, ist es noch besser.

Dächer

Stroh ist hervorragend. Von allen geeigneten Materialien isoliert es am besten gegen Lärm, Hitze oder Kälte. Nicht in der Dreschmaschine gebrochenes Weizenstroh hält zwanzig bis dreißig Jahre, gebrochenes Weizenstroh zehn bis zwölf. Der First muß aus anderem Material bestehen (häufig Riedgras) und öfter erneuert werden. Der Bau eines Strohdaches erfordert großes Geschick; wenn man jemand anders für diese Arbeit bezahlen muß, kommt es sehr teuer, genauso wie die Versicherung. Als noch jedermann wußte, wie man so etwas macht, war das Strohdach das billigste Dach und auch das beste.

Dachziegel bestehen aus gebrannter Ziegelerde. Man kann sie kaufen, von einem verlassenen Gebäude klauen oder sie selbst machen. Wegen ihres Gewichts braucht man einen kräftigen Dachstuhl, aber sie halten Hunderte von Jahren und sehen hübsch aus.

Schieferplatten sind weniger schwer als Dachziegel, halten aber ebensolang. Auch schiefergedeckte Dächer sind schön.

Wellblech (bitte lächeln Sie nicht) ist billig, außerordentlich leicht zu verlegen und erfordert nur einen sehr leichten Unterbau. Bemalt sieht es gar nicht schlecht aus; in Südafrika sind sogar Kathedralen damit gedeckt. Seine Isolierwirkung ist gleich Null (außer man verlegt es in zwei Schichten mit überlappenden Düngersäcken dazwischen, wie ich es weiter oben in diesem Kapitel beschrieb (vgl. S. 117). Und wenn man den Anstrich nicht ständig erneuert, hält es nicht lange – vielleicht dreißig Jahre mit Anstrich, sonst weniger.

Gewellte Asbestabdeckungen sehen besser als Blech aus, brauchen keinen Anstrich, halten länger (wenn auch nicht ewig) und isolieren besser. Ideal sind sie trotzdem nicht. Sie sind schwerer als Blech, brechen, wenn man darauf geht, brauchen andererseits kein allzu starkes Untergestell.

Plastikbeschichtetes Blech gibt es in vielen Formen und Farben. Es ist praktisch und dauerhaft.

Schindeln sind flache, von Baumstämmen abgespaltene Holzplatten. Schindeln aus Zedernholz sind ausgezeichnet, halten lange und sehen gut aus. In Amerika sieht man sie häufig; Holz kostet dort oft nicht mehr als die Mühe des Schneidens. In Europa sind sie allerdings ziemlich teuer.

»Onduline« ist gewelltes Material aus öl-imprägnierten Fasern. Es ist sehr billig und unglaublich leicht, brennt allerdings wie Zunder. Mir ist dieses Mißgeschick schon widerfahren.

Fast alle Gebäude stürzen irgendwann ein, weil sie von der einen oder anderen Art des Holzwurms befallen werden. Das ist sehr bedauerlich und heutzutage auch nicht mehr unvermeidbar. Eine Arbeit, die ich absolut dick habe, ist das Imprägnieren (Kreosotieren oder Kuprinolieren) von Holz, das ich zum Bauen verwende. Dennoch tue ich es mit größter Sorgfalt – für meine Nachwelt. Auch unimprägniert würde das Holz halten, solange ich lebe. Aber ich möchte, daß es auch noch künftigen Generationen dient, und ich fände es gut, wenn andere Menschen ähnlich dächten.

Meiner Ansicht nach sollte man, wenn möglich, im ortsüblichen Stil und mit regionaltypischem Material bauen. Wenn unsere Vorfahren das konnten, können wir es auch. Sie hatten keine

Kenntnis und keine Werkzeuge, die wir nicht auch haben. Ich beauftragte einen Maurer damit, einen Flügel meines Hauses mit Steinmaterial aus der Gegend aufzustocken. Manche dieser Blöcke sind nicht viel kleiner als ich selbst. Das könne er nur tun, wenn ich ihm die Steine auf sein Gerüst bringe, sagte der Mann. Ich lieh mir einen Heuaufzug und beförderte sie ihm damit hinauf! Ich begrub ihn fast unter dem Zeug. So können uns moderne Geräte manchmal helfen, mit althergebrachten Materialien fertigzuwerden.

Einem jungen Mann stellte sein Vater eine kleine Farm zur Verfügung – sie liegt ganz in unserer Nähe auf der anderen Seite der Straße. Er hatte drei Jahre lang das Stellmacherhandwerk gelernt und wollte seine eigene Werkstatt aufmachen. Ein Nachbar erlaubte ihm, in seinen Baumbeständen Erlen zu schneiden. Er nahm junge, gerade Stämme von zwölf bis fünfzehn Zentimeter Durchmesser, entrindete sie (sonst wären sie sehr rasch verrottet) und imprägnierte sie. Dann errichtete er damit einen großen Fachwerkbau. Für Bolzen und Nägel gab er, glaube ich, gerade um die hundert Mark aus. Die vertikalen Balken stellte er auf kleine flache Steine, weil Erlenholz, soweit man es im Boden versenkt, sehr rasch verfault – selbst wenn es imprägniert ist. Das ganze Gebäude war also nicht im Boden verankert; ein gutes Dutzend sehr starker Männer hätte es hochheben und wegtragen können. Als Verkleidung verwendete er altes Wellblech – Kosten rund zweihundertzwanzig Mark –, das er grün anstrich. Es sieht gut aus.

Dann kamen Leute von der Baubehörde. »Haben Sie eine Genehmigung, hier ein Haus hinzustellen?« fragten sie.

»Das ist kein festes Gebäude – es ist überhaupt nicht mit dem Boden verbunden und frei beweglich«, sagte mein Freund. Ratlos zogen sich die Beamten zurück – das war etwas, das in ihrem Regelwerk gar nicht vorkam.

Der Mann kaufte dann für dreißig Mark einen alten Lieferwagen. Unweit seines Hauses bockte er die Hinterachse so auf, daß ein Rad frei war, und montierte eine Riemenscheibe an seiner Stelle. Damit treibt er eine Bandsäge, eine Drehbank und ein paar andere Maschinen an. So hat er sich jetzt als Stellmacher etabliert.

Ich erzähle dieses Geschichte nur, um zu zeigen, daß man zum Hausbau nicht unbedingt ein Vermögen braucht.

Wenn Sie einen Platz zum Wohnen benötigen, gibt es auch noch eine andere Möglichkeit: Wie wäre es mit einem *Wohnwagen?* Natürlich ist es nicht überall erlaubt, einen Caravan aufzustellen, andererseits ist es für die Behörden nicht ganz einfach, das zu verhindern. Wenn Beamte kommen und sagen, Sie hätten kein Recht, hier einen Wohnwagen zu parken, sagen Sie: »Also gut, er kommt anderswo hin.« Und sie rollen ihn weg. Rollen Sie ihn zehn Meter weiter – aber verändern Sie seinen Standort. Vielleicht vergehen Jahre, bis man sie wieder belästigt.

Fürchten Sie, daß es im Winter in einem Wohnwagen zu kalt werden könnte? Ich jedenfalls verbrachte den ganzen letzten Winter mit meiner neuen Familie (der Jüngste war drei) in einem Caravan, der nicht einmal gut isoliert war. Wir hatten nur ein winziges Kohlefeuer, das nicht sehr viel brachte. Das Flaschengas gefror immer wieder – es war der kälteste Winter seit zwanzig Jahren. Wir alle überlebten, und niemand erkältete sich. Auch zuvor hatte ich schon in einem Wohnwagen überwintert, und auch da überlebte ich ohne große Probleme.

Wir leben in einer Übergangszeit, und deswegen sind wir manchmal gezwungen, provisorisch zu bauen. Allerdings wäre es schön, wenn Frauen und Männer in Zukunft mehr Zeit hätten und nicht mehr so sehr unter dem Druck der Umstände stünden. Dann könnten sie schöne, dauerhafte Gebäude errichten aus Materialien, die ihr Land ihnen liefert: Stein, Ziegel, Schiefer, Stroh, Holz, Lehm, gestampfte Erde – und man könnte so bauen, daß es aussähe, als seien die Häuser aus dem Boden gewachsen, wie das bei den Gebäuden früherer Epochen der Fall war. Und wie schön wäre es, wenn die Menschen aufhören könnten, sich ihrer Häuser zu schämen, wenn sie wieder stolz auf sie wären wie früher. Schöne Häuser in traditioneller Bauweise können durchaus zur Attraktivität einer Landschaft beitragen. Der Mensch sollte Stolz empfinden, wenn er seinen Platz als Teil der Natur einnimmt wie andere Lebewesen; wie die Spinne ihr Netz webt oder der Vogel sein Nest baut, so sollte der Mensch seine Häuser bauen, stolz auf sie sein, in ihnen wohnen und seine Rolle im natürlichen Lauf des Lebens spielen.

10 Die Nutzpflanzen und Haustiere

Getreide und Feldfrüchte

Weizen. Cobbett zog den Weizen- dem Kartoffelanbau vor, und zwar, weil er schwieriger ist. Die Kartoffel, so meinte er, könne man ja mit bloßen Händen aus dem Boden scharren (was auch geschah) und roh essen, ohne die Erde davon abzuwaschen! Weizen hingegen erfordere komplizierte Verarbeitungsvorgänge, und diese schwierigen Prozesse hätten die Entwicklung der Zivilisation zur Folge gehabt. Ein Volk, das die Kunst beherrschte, Weizen anzubauen, zu ernten, zu transportieren, zu lagern, zu dreschen, von der Spreu zu befreien, zu trocknen, zu mahlen und zu verbacken, hatte nach Cobbett einen hohen Stand der Zivilisation erreicht.

Tatsächlich waren es die Weizen essenden Völker, welche die Welt in die Industrielle Revolution führten, (zum Besseren oder zum Schlechteren). Reisesser erreichten bemerkenswerte Kulturleistungen, brachten es aber nie zu einem sonderlich hohen Niveau technisierter Zivilisation. Die Völker, deren Ernährung auf Mais, Maniok, Sorghum und anderen Hirsearten basierte, brachten es in der Regel nur zu einem ziemlich bescheidenen Wissensniveau. Die Roggenbrotesser waren zweifellos wackere Kämpen, erreichten aber auch nie die kulturelle Höhe der weizenessenden Völker. Und was die Porridgeesser anbelangt, meine schottischen Vorfahren würden mich noch aus dem Grabe verfluchen, wenn ich auch nur ein Wort gegen sie sagte.

Seinen eigenen Weizen zu bauen und sein eignes Brot daraus zu backen – daran ist etwas sehr Befriedigendes. Wer das tut, befindet sich in recht erlesener Gesellschaft. Wenn Sie in der Lage sind, die Vögel von der frisch ausgestreuten Saat abzuhalten und vor der Ernte vom reifen Korn, dann gibt es für Sie keinen Grund, warum

Sie nicht auch im kleinsten Maßstab Weizen anbauen sollten. Sie können ihn mit einer Sichel, ja einem Fleischmesser schneiden, ihn zu Bündeln binden und trocknen lassen, ihn dreschen, indem sie die Bündel auf eine Stuhllehne schlagen, die Spreu entfernen, indem sie ihn an einem windigen Tag in die Luft werfen und die entspelzten Körner auf ein Laken fallen lassen, sie können ihn in einer Kaffeemühle mahlen und im Backrohr backen. Den Weizen von Hand zu ernten und zu verarbeiten, erfordert einige Mühe. Da sich Getreideanbau und -verarbeitung besonders leicht maschinell durchführen lassen, dürfte Weizen vielleicht die letzte Frucht sein, an deren Anbau der Besitzer eines besonders kleinen Anwesens denken sollte, wenn er ihn nicht bloß zum Spaß betreibt. In größerem Maßstab oder im Rahmen einer ländlichen Gemeinschaft ist er jedoch sehr sinnvoll, wenn man geeigneten Boden hat.

Weizen ist heutzutage ziemlich teuer. Auf gutem Land und unter Anwendung »biologischer« Methoden (d. h. ohne Kunstdünger, Herbizide oder Insektengifte) kann man fünf Tonnen pro Hektar erzielen, und sieben Tonnen, wenn man den Boden mit teurem gebundenem Stickstoff versetzt. Tut man letzteres, so leidet die Qualität des Brotes darunter, und dem Boden schadet es auch: Er wird »süchtig« nach hohen Stickstoffgaben, weil die darin lebenden stickstoffbindenden Bakterien nach und nach vernichtet werden.

Wenn Sie also Weizen anbauen, können Sie beträchtliches Geld sparen, und außerdem bekommen Sie viel nützliches Stroh. Andererseits ist guter Weizenanbau ziemlich schwierig, und man kann viel Unsinn dabei anstellen. Versuchen Sie es nicht, wenn Sie kein gutes Land haben. Sie brauchen ziemlich schweren, tieflehmigen Boden. Und Sie brauchen herzhaftes Land, d. h. Boden, der mit viel gutem Mist angereichert worden ist. Auf sandigem Boden oder dünnem Boden auf Kalkuntergrund wächst Weizen nicht gut; er verlangt nach ausgezeichneter Bodenqualität.

Auf meiner kleinen Farm bauen wir jedes Jahr 2 bis 3 Hektar Weizen an. Als wir hier lediglich eine Familie waren, erzeugten wir viele Jahre lang unseren Brotweizen selbst. Seit sich hier eine größere Gemeinschaft etabliert hat, ist das schwieriger geworden; letztes Jahr ließ irgendein Idiot die Schweine in die Scheune, und die ruinierten das ganze Getreide. In größeren Gemeinschaften kommt so etwas leider nur allzu oft vor. In diesem Jahr klappt es nun wieder – mit dem alten Mähbinder eines Nachbarn brachten wir eine sehr gute Ernte ein. Sie ist jetzt in der Nähe der Dreschmaschine sicher untergebracht, und wir hoffen, daß diese Maschine zum geeigneten Zeitpunkt dreschen wird. Wir rechnen mit drei bis vier Tonnen – mehr als genug für uns und die Hühner.

Wenn Sie *keinen* Weizen anbauen wollen, sollten Sie ihn sackweise von irgendeinem befreundeten Bauern kaufen. Lagern Sie ihn an einem warmen, trockenen Ort (wenn er nicht trocken ist, ist er schwer zu mahlen) und mahlen Sie ihn nach Bedarf mit einer Handmühle, von denen der Markt eine Anzahl Modelle anbietet. So bekommen Sie billiges, gutes Brot und gleichzeitig Appetit darauf.

Gerste. Wenn wir an Gerste denken, denken wir natürlich an Bier; wirklich gutes Bier wird immer aus Gerste gebraut. Viele Stadtleute glauben, daß Bier aus Hopfen gemacht wird. Das stimmt ganz und gar nicht: Hopfenblüten werden nur zugegeben, um dem Bier Geschmack zu verleihen. Bier wird aus Malz gebraut, d. h. Gerstenkörnern, die man hat keimen lassen. Die Keimung wandelt die Stärke in den Körnern in Zucker (Maltose) um, der beim Brauvorgang durch die Einwirkung von Hefe zu Alkohol wird.

Das Mälzen von Gerste ist eine noch anspruchsvollere Arbeit als das Mahlen von Weizen, vor allem, wenn es in geringen Mengen geschieht. Malz zu *kaufen*, kommt jedoch sehr teuer. Vermälzte Gerste kostet mehr als doppelt so viel als unvermälzte. Allerdings gibt es hier eine Alternative – Malz*extrakt*, mit dem die meisten Amateurbrauer ihr Bier sieden, ist relativ billig. Aus Extrakt gebrautes Bier ist nicht annähernd so gut wie mit echtem Malz gebrautes, aber viel einfacher in der Herstellung.

Mein Vorschlag ist, daß Sie Malzgerste fürs Bierbrauen erst dann anbauen sollten, wenn Sie eine Reihe wichtigerer Dinge getan haben. Immerhin ist mit Extrakt gebrautes Bier auch nicht schlecht. Ich habe noch niemals ein Glas davon abgelehnt.

Der Anbau von Futtergerste ist sinnvoll. Gerste ist ein sehr energiereiches Korn; der Energiegehalt aller anderen Futtermittel wird in »Gerstenäquivalenten« ausgedrückt. So haben gekochte

Kartoffeln den Wert von 6, d. h. sechs Pfund gekochte Kartoffeln haben den Futterwert eines Pfundes Gerste. Für Schweine gibt es kein besseres Futter als Gerste; sie kann auch die Basis für die Konzentrat-Ration der Kühe sein. Mit Weizen gemeinsam hat sie die allgemeinen Schwierigkeiten und Komplikationen des Erntens, der Lagerung, des Dreschens usw. Ernten kann man sie entweder von Hand (sehr mühsam), mit der Mähmaschine, mit dem Mähbinder oder dem Mähdrescher. Gerste gedeiht auf viel leichterem Boden als Weizen. Die beste Malzgerste der Welt wächst auf qualitativ bescheidenem Land – flache Krume auf Kalkuntergrund eignet sich gut. Was sie allerdings nicht verträgt, ist Säure; saurer Boden erfordert viel Kalk.

Hafer ist sehr schwer so zu vermahlen, daß man Porridge daraus bereiten kann. Wer aber die Mühen der Ernte, Lagerung, des Dreschens und Vermahlens auf sich nimmt, hat ein ausgezeichnetes Futter für Kühe, Pferde, Hühner und andere Tiere, nicht hingegen für Schweine.

Ein beträchtlicher Vorteil für den Betreiber eines Kleinanwesens ist, daß er Hafer schon schneiden kann, wenn er noch leicht grün oder nicht ganz reif ist. Er wird dann gebündelt und kann im Winter verfüttert werden (die Schnüre schneidet man natürlich vorher weg). Pferde und Rinder fressen den Hafer mitsamt dem Stroh und gedeihen dabei. Ich kenne keinen Fall, wo diese Art Hafer dem Vieh nicht ausgezeichnet bekommen wäre.

Hafer ist eine gute Pionierpflanze. Er verträgt viel saureren und nasseren Boden als Weizen oder Gerste.

Roggen. Diese Getreideart gedeiht auf leichtem, sandigem Boden oder heideartigem Land – auf Land, das für Weizen oder Gerste ganz ungeeignet wäre. Einzig aus Roggen gebackenes, herbes Schwarzbrot ist das Nahrungsmittel, dem manche Osteuropäer ihren kompromißlosen Charakter verdanken! Mischt man Roggen- mit Weizenmehl, bekommt man gutes, solides Brot. Ich finde ein Verhältnis von einem Teil Roggen auf drei Teile Weizen ideal. Auch als Viehfutter eignet sich Roggen gut.

Vor allem ist er aber ein gutes »Frühfutter«, d. h. man sät ihn im Herbst, so daß er den Winter über bis ins frühe Frühjahr hinein wächst. Dann verfüttert man die noch grünen Pflanzen ans Vieh, bis Gras zur Verfügung steht. Roggen ist auch eine gute Gründüngerpflanze: Man sät ihn im Herbst, läßt ihn den Winter hindurch wachsen und pflügt ihn dann im Frühjahr zur Bodenverbesserung unter. Wer »biologisch« wirtschaftet, läßt sein Land nicht gerne den ganzen Winter hindurch ohne Bewuchs. Roggen ist so ziemlich das einzige, was im Spätherbst rasch genug wächst, um den Boden zu bedecken.

Hirse und Buchweizen gedeihen am besten in tropischen oder subtropischen Gegenden. Auch in Mitteleuropa läßt sich Buchweizen anbauen (Bienen mögen ihn gern), aber die Saat reift sehr ungleichmäßig. Als Hühnerfutter ist Buchweizen gut geeignet. Auch Sonnenblumenkerne sind ein ausgezeichnetes Hühnerfutter; Sonnenblumen gedeihen in unserem Klima gut.

Mais. Wo er gedeiht, wird er auch angebaut, denn er ist eine sehr ergiebige Frucht, und ein nicht geringer Teil der Welt lebt davon.

Auch grün ist er für Futterzwecke (auch als Silofutter), als Gründünger oder Kompostmaterial sehr nützlich. Im Herbst mit einer Bodenfräse umgebrochen und auf dem Boden liegen gelassen, bildet er eine ausgezeichnete Pflanzendecke, die im Frühjahr eingepflügt werden kann. Das tut dem Boden sehr gut, erfordert aber natürlich eine Sommerbrache, die Sie sich vielleicht nicht leisten können. Ich kann es nicht. Ideal für Mais ist guter, tiefer, lehmiger Boden.

Kartoffeln. Entgegen manchen Einschätzungen ein edles Nahrungsmittel: leicht zu pflanzen, leicht aufzuziehen, leicht zu ernten, und es gibt keine Schwierigkeiten mit Lagerung, Dreschen, Mahlen oder Ähnlichem. Kartoffeln sind energiereich – im Notfall kann man durchaus von ihnen, Milchprodukten und etwas Grünzeug leben. Gekocht sind sie ein gutes Schweinefutter. Und wenn es darauf ankommt, fressen die Tiere die Knollen auch roh.

Kartoffeln gedeihen praktisch überall in Mitteleuropa, auch in nassen und windigen Gegenden. Je mehr guten, natürlichen Mist man ihnen geben kann, desto besser.

Andere Knollen, Wurzeln, Kohl usw. Mangold bringt sehr reichen Ertrag, enthält aber größtenteils Wasser. Als Milchkuhfutter ist er gut geeignet. Er erfordert einigermaßen guten Boden. *Rüben* gedeihen auch in nasseren, weniger guten Böden und in höheren Lagen. Bei wesentlich geringerem Volumen als Mangold sind sie

nährwertreicher. Sie vertragen das Winterwetter besser als irgendeine andere Wurzel, die ich kenne (ausgenommen Pastinaken =
Hirschmöhre) und sind ein gutes Schaf- oder Rinderfutter. *Futter-
rüben* sind eiweißreich und als Futter für Rinder, Schafe oder
Schweine ausgezeichnet geeignet, vor allem für letzte. *Topinambur* (auch Jerusalem-Artischocke genannt) wächst gut auf sandigem oder leicht lehmigem Boden. Auch für Schweine nicht
schlecht: Die Tiere wühlen die Knollen aus dem Boden und
kultivieren und düngen ihn dabei. *Kohl* und *Raps, Steckrüben*
usw. eignen sich für späte Aussaat, wenn andere Feldfrüchte schon
geerntet sind, und können so eine zweite Jahresernte bringen.
Gutes Futter für Kühe, Schafe oder Schweine. Am besten läßt man
die Tiere direkt an die Pflanzen, so daß sie sie selbst »ernten«
können.
Flachs gedeiht fast überall ausgezeichnet und liefert die Faser, aus
der man Leinen und Flachskerzen herstellt. Die Samen der Pflanze
bezeichnet man als Leinsamen, die Basis für Leinsamenöl.

Auf Gartenfrüchte gehe ich hier nicht ein. Was Sie anbauen
können und was nicht, werden Sie sehr bald selbst feststellen.
Früchte teilt man grob in zwei Kategorien ein: Baumfrüchte und
Beerenfrüchte. Baumfrüchte (Äpfel, Birnen, Pflaumen, Kirschen
usw.) brauchen guten, tiefen Boden und ein geeignetes Klima. Zu
viel (vor allem salzigen) Wind mögen sie nicht. Beerenfrüchte
hingegen – Johannisbeeren, Himbeeren, Stachelbeeren usw. –
vertragen Wind gut und gedeihen auch in regnerischem oder sogar
kühlem und nebligem Klima und in Küstennähe. Himbeerbüsche
sind besonders robust.

Haustiere

Eine kurze Beschreibung der Charakteristika einzelner Arten ist
wohl nicht fehl am Platze.
Das *Pferd* ist bekanntlich ein edles Tier. Es braucht aber jeman-
den, der sich nicht scheut, mit ihm zu arbeiten. Es muß viel
Bewegung haben (sonst frißt es sich dick und fett und taugt bald
nicht mehr viel) und einigen Platz. Für die Produktion des Futter-
bedarfs eines großen Pferdes ist etwa ein halber Hektar Land
erforderlich.

Pferde machen viel Arbeit. Man muß sie regelmäßig beschlagen lassen, was ziemlich viel Geld kostet und schwierig sein kann, wenn kein Hufschmied bei der Hand ist. Für den Stall ist einiger Aufwand nötig, ebenso für Pflege und gutes Futter, wenn die Tiere schwer arbeiten sollen. Ein Pferd, das nur Gras bekommt, wird nicht lange hart arbeiten. Sehr gutes, üppiges Gras ist schlecht für ein Pferd – je dünner und kürzer es ist, desto besser. Einem schwer arbeitenden Tier muß man einen ordentlichen Stall, Hafer und gutes Heu geben. Auch gewisse Kenntnisse sollte der Eigner eines Pferdes besitzen. Zum Abrichten eines jungen Pferdes braucht man Wissen und gesunden Menschenverstand. Hat man eine Stute und möchte sie sowohl zur Arbeit als auch zur Zucht verwenden, so wird man feststellen, daß sie ordentlich arbeitet, wenn sie trächtig ist, sehr schlecht hingegen, wenn sie ein Fohlen hat. Niemand sollte einfach ein schweres Arbeitspferd kaufen, ehe er von anderswo her einige Kenntnisse über solche Tiere gesammelt hat.

Kühe. Eine Kuh kann Herz und Mitte eines kleinen Anwesens werden. Mit ihren Produkten läßt sich ein großer Teil des Ernährungsbedarfs der Familie bestreiten, die zu ihr gehört, und sie kann beträchtlich zur Gesunderhaltung ihrer Mitglieder beitragen. Magermilch und Molke – Nebenerzeugnisse der Käseherstellung – lassen Schweine und junges Geflügel prächtig gedeihen. Die Kuh bringt Kälber und damit künftiges Rindfleisch. Ihr Dung bereichert den Boden. Für die Entwicklung eines Selbstversorgeranwesens gibt es nichts Wichtigeres als den Kauf einer Kuh.

Für den Futterbedarf einer Kuh (jedenfalls einer Jersey-Kuh) genügt ein knapper halber Hektar. Wohlgemerkt – es ist nur recht und billig, sie etwa zwei Monate im Jahr »trocken« zu lassen, d. h. keine Milchleistung von ihr zu verlangen. Aber was tut man dann? Flaschenmilch kaufen wie vorher? Eine oder zwei Ziegen halten? Noch eine Kuh kaufen, die abwechselnd mit der anderen kalbt?

Zu lernen, wie man eine Kuh hält und melkt, ist weit einfacher, als sich Kenntnisse über Pferdehaltung anzueignen. Dennoch ist eine gewisse Erfahrung notwendig, und die Hilfe freundlicher Nachbarn wird man auch häufig brauchen.

Ziegen. Denen, die sie mögen, schmeckt Ziegenmilch ausgezeichnet, und bei gewissen Krankheiten ist sie besser als Kuhmilch. Es ist schwer (wenn auch nicht unmöglich), Butter daraus zu machen;

die Qualität von Ziegenkäse hingegen ist über jeden Vergleich erhaben. Die Milchleistung von Ziegen ist sehr unterschiedlich, oft auch ziemlich enttäuschend. Man braucht sehr sorgfältig gezüchtete (und damit teure) Tiere; darüber hinaus ist ausgezeichnetes Futter und gute Haltung nötig. Daß sie von Gestrüpp, Steinen und alten Disteln leben, ist ein Irrtum: Ziegen sind sehr wählerische Tiere und verlangen reichlich Futter. Sie sind nicht annähernd so robust wie Kühe und brauchen Schutz vor Winterkälte und schlechtem Wetter. Sie sind sehr artig und nett, und ihre Besitzer fressen fast immer einen Narren an ihnen. Das macht es schwer, zu entscheiden, was mit den kleinen Zicklein geschehen soll – aber etwas *muß* mit ihnen geschehen, wie jeder Ziegenhalter schließlich einsehen muß. Sie liefern gutes Fleisch, das magerer ist als Lammfleisch. Übrigens bringen sie auch weit bessere Preise als Lämmer; wenn man sie nur als Fleischtiere hält, braucht auch die Fütterung nicht allzu aufwendig zu sein. Es genügt, wenn man sie ausgiebig weiden läßt.

Aber Vorsicht – Ziegen richten oft *sehr* viel Schaden an. Sie können sogar ziemlich große Bäume ruinieren. Obstbäume mögen sie sehr gerne; in einer einzigen Nacht können sie einen Garten zugrunde richten. Sie haben vierundzwanzig Stunden am Tag, um sich zu überlegen, wie sie durch einen Zaun kommen oder darüberklettern oder drunter durchschlüpfen können, und sie sind viel intelligenter als Ziegenhalter. Es tut weh, einen fünf oder sechs Jahre alten Obstgarten völlig ruiniert zu sehen, weil jemand, und sei er noch so lieb und teuer, versehentlich ein Gatter offen ließ – *nur ein einziges Mal.* Und glauben Sie bloß nicht, daß es genügen würde, sie einfach anzupflocken. Ziegen brauchen freien Auslauf, wenn sie gedeihen sollen. Wenn Sie sie anbinden, dann an einem Laufdraht – oder man muß sie in raschem Wechsel immer wieder woanders anpflocken.

Schafe gedeihen besser in größerer Anzahl, wenngleich ein oder zwei mit der Flasche aufgezogene Lämmer manchmal auch in der Isolierung gut aufwachsen. Bringen Sie es aber auch fertig, die Tiere zu töten – und was sonst sollten Sie mit ihnen anfangen? Vergessen Sie nicht: Wenn Sie ein oder zwei weibliche Tiere kaufen, müssen Sie auch zusehen, daß Sie irgendwo einen Bock herkriegen. Wirklich gut gedeihen Schafe nur dann, wenn sie viel

Platz haben oder immer wieder neues Weideland bekommen. Wenn es darum geht, durch Zäune zu schlüpfen, sind sie die reinsten Teufel. Trotzdem: Wenn Sie die Möglichkeit haben, Schafe zu halten, dann tun Sie es – sie sind gut für den Boden. Es hat sich bewährt, von Kühen beweidetes Land anschließend durch Schafe abgrasen zu lassen, denn Schafe fressen auch, was Kühe nicht mögen und »räumen die Weide auf«. Gemischte Tierhaltung ist vernünftig, Monokultur hingegen stets schlecht. Hat man nur eine Art Weidetier, kann es zu Wurmbefall und anderen Schäden kommen.

Schafe liefern ausgezeichnetes Fleisch. In der kalten Jahreszeit kann eine Familie auch ohne Tiefkühltruhe ein Schaf verzehren, ohne daß das Fleisch schlecht wird. (Machen Sie mir keinen Vorwurf, wenn es nicht klappt – gesunder Menschenverstand ist immer vonnöten).

Schafe liefern auch Wolle. Sally hält gewöhnlich vier Schafe. Sie schert sie, spinnt die Wolle auf einem Spinnrad und strickt aus dem Garn dann Kleidungsstücke für jedermann außer mir. Auch weben könnte sie. Wolle ist wunderbar – in kalten Klimazonen das beste Material für Textilien, dem nichts auch nur annähernd gleichkommt. Der Preis wird im Lauf der Zeit ständig steigen. Eine intelligente Familie könnte die Wolle einer kleinen Schafherde zur Grundlage ihrer ganzen Gelderwerbstätigkeit machen.

Das Interesse an *Milchschafen* steigt. Meist sind es Tiere der friesischen Rasse. Milch geben sie allerdings nur im Sommer.

Was die Anzahl der Schafe betrifft: Auf gutem Weideland können Sie zehn bis zwölf Mutterschafe pro Hektar halten.

Schweine sind unübertreffliche Fleischproduzenten. Eine Sau wirft bis zu dreißig Ferkel im Jahr (in der Regel etwa zwei Dutzend), und die Kleinen wachsen rasch und können Tonnen von Fleisch und Schinken liefern. Allerdings leben sie nicht von Luft. So gewaltig ihr Wachstum ist, so gewaltig ist auch ihr Appetit. Kauft man das ganze Futter zu, dann kommt der Schinken wohl ziemlich teuer, wenngleich man nicht vergessen darf, daß Schweine die Fruchtbarkeit des Bodens steigern. Es gibt nichts, absolut nichts, was so gut für den Boden wäre wie Schweinemist.

Ein Schwein frißt praktisch *alles*. Hat man ein Schwein und daneben einen Verbrennungsofen für nicht verfütterbaren Müll, dann gibt es überhaupt kein Abfallproblem. Und wenn Sie irgendwo Futter umsonst bekommen – vor allem Eiweiß –, dann sind Sie gut dran. Ihr Schwein ist der einzig wirklich gute Verwerter von Molke aus der Käseproduktion, Buttermilch (obwohl die bei Kälbern auch ganz gut anschlägt), kleinen Kartoffeln, Abfällen aus der Gärtnerei, Küchenabfällen, Speiseresten aus Schulen, Restaurants usw., Fischköpfen, Eingeweiden und anderen Fleischabfällen, altem Brot und nicht mehr verkaufsfähigem Kuchen aus Bäckereien. Einmal sah ich ein Rudel gewaltiger Schweine, die mit ihren Schnauzen tief in einem Trog voll altbackener Schokoladenhörnchen wühlten – ein geradezu schockierender Anblick.

Schweine sind auch die besten Landkultivierer. Sperren Sie sie auf Ödland, Heide, brombeerüberwucherten Flächen oder in Gehölzen in einen elektrischen Zaun – und sie werden den Boden roden und gleichzeitig düngen. Natürlich können sie keine Bäume ausreißen, aber das Gestrüpp zwischen den Stämmen beseitigen sie. Schweine haben das ganz und gar unkultivierte, gestrüppbewachsene Land meiner Farm in fruchtbaren Boden verwandelt. Aber machen Sie nicht den Fehler, sie zu lange auf *schwerem* Boden zu lassen (auf Lehmboden gedeihen sie nicht sehr gut – vor allem nicht bei nassem Wetter), und lassen Sie *niemals* ein Schwein länger als drei Monate auf dem gleichen Stück Boden. Sonst bekommen Sie es nämlich mit einer Wurmplage zu tun, es sei denn, die Fläche ist so groß und die Zahl der Schweine so klein, daß sich die Tiere mehr oder weniger darauf verlieren. In diesem Fall passiert nichts.

Ohne Schweine kann ich mir das Anwesen eines Selbstversorgers kaum vorstellen. Für die Fruchtbarkeit des Landes sind sie von überragendem Nutzen.

Anzunehmen, daß ein Schwein unbedingt freien Auslauf braucht, wäre ein Irrtum. Gewiß, Zuchtsauen sollten ihn meiner Ansicht nach haben, aber wenn man Mastschweine im Stall hält, ist das durchaus in Ordnung. Wenn Sie ihnen viel Farne oder Stroh in den Koben geben, liefern die Tiere besten Dung in beträchtlichen Mengen.

Kaninchen. Dieses bescheidene Tier sollte man nicht unterschätzen. Überall in Europa halten vernünftige Leute Kaninchen in großen Mengen. Sie vermehren sich schnell, ernähren sich weitgehend von Dingen, für die wir überhaupt nichts zu bezahlen brauchen, und wachsen und gedeihen dabei. Überall in Italien und in den Agrargebieten Frankreichs sieht man Kinder oder alte Frauen mit Armen oder Säcken voll »Unkraut« nach Hause gehen, das sie an ihre Kaninchen verfüttern. Zu bedenken ist auch, daß dieses »Unkraut« vom Wegrain nicht nur Fleisch produziert, sondern auch Gärten fruchtbar macht. Für die Aktivierung eines Komposthaufens gibt es nämlich nichts Besseres als Kaninchenmist. Halten Sie die Tiere in der Nähe des Komposts. Wenn Sie dann die Ställe saubermachen, werfen Sie den Dung einfach auf den Haufen.

Der große Vorteil von Kaninchen ist, daß auch eine noch so kleine Familie eines bei einer Mahlzeit verspeisen kann. Selbst eine Einzelperson wird leicht damit fertig, ehe das Fleisch schlecht wird. Die Vorsehung scheint das zahme Kaninchen geradezu für die Ernährung des Menschen geschaffen zu haben. Mein zwölfjähriger Sohn verdiente mit seiner Kaninchenzucht so viel Geld, daß er sich ein Schwein kaufen konnte.

Geflügel. Wenn Sie Ihr Hühnerfutter kaufen müssen, können Ihre Eier nicht billig sein (aber vergessen Sie wiederum nicht den Wert des Dungs für ihr Land). Wenn Sie jedoch Ihre *Hühner* teilweise mit Ihrem eigenen Weizen oder anderem Getreide, mit Küchenabfällen, gekochten Kartoffeln oder Gemüseresten füttern können oder wenn ihre Hühner genügend Auslauf haben (ein Huhn sucht sich dann einen großen Teil seines Futters selbst), dann geht Ihre Rechnung ohne weiteres auf. Und vergessen Sie nicht: Ein Huhn ist Dreschmaschine, Worfler und Mühle zugleich. Wenn Sie Ihr eigenes Getreide anbauen und es nach der Ernte gebündelt in einem Schuppen lagern, können Sie den Hühnern jeden Tag eine oder zwei Garben vorwerfen. Sie werden das letzte Korn herauspicken und sich aus dem Stroh ein Bett machen, und so bekommen Sie schließlich nützlichen Dünger. *Enten* können zwar auch ohne offenes Wasser überleben, doch ist es grausam, sie so zu halten. Bestimmte Rassen legen zahllose Eier (mehr als Hühner); andere werden wunderbar dick für den Kochtopf. *Gänse* haben die ausgezeichnete Eigenschaft, Weidevögel zu sein. Sie leben fast das ganze Jahr ausschließlich von Gras und liefern ein in seinem

Wohlgeschmack kaum zu übertreffendes Fleisch. Vorsicht: Auch Füchse schätzen es sehr!

Fische sind es wert, daß man ein paar Gedanken auf sie verwendet. Heutzutage verwandeln Forellenzüchter einfach Fischmehl aus unseren schwindenden Seefischbeständen in Forellenfleisch, und das ist natürlich einigermaßen absurd. Wenn Sie aber die Möglichkeit haben, Fische ohne Zufütterung großer Mengen Eiweiß zu züchten, lohnt sich das ohne Zweifel.

11 Die Geräte

Jeder Neusiedler braucht andere Geräte.
Mein Rat: Fangen Sie mit dem Allernötigsten an und kaufen Sie
Neues erst dann hinzu, wenn Sie es wirklich brauchen. Was
schwere Maschinen betrifft, so sollten Sie sie mieten, bevor Sie sie
kaufen. Üben Sie mit fremdem Gerät – sammeln Sie Erfahrungen.
Lernen Sie aus der Praxis, was sich für Ihre Zwecke am besten
eignet, was Sie wirklich brauchen, welche Modelle für Ihre Anforderungen die besten sind. Lassen Sie Ihr Land zuerst von jemand
anderem pflügen; holen Sie sich jemand mit einer Bodenfräse (oder
besser noch, lassen Sie Schweine die Arbeit tun). Ein Mann mit
einem Schaufelbagger soll Ihre Gräben ausheben oder die Baugru-
ben für Ihre Gebäude. Wenn Sie sich eine Kettensäge mieten – und
sei es nur für einen einzigen Tag – können Sie, wenn Sie ernsthaft
dazutun, eine Unmenge Feuerholz damit schneiden. Vergewissern
Sie sich aber, daß sie eine gute, neue, scharfe Kette hat, wenn Sie
die Säge mieten.
Wenn Sie die Absicht haben, irgendein größeres Gerät zu
erwerben, fragen Sie erst Ihre Nachbarn um Rat. Vielleicht möchten sie die Maschine mit Ihnen gemeinsam benutzen. Vielleicht
wird ein Nachbar sagen: »Kaufen Sie das nicht – das habe ich.
Kaufen sie vielmehr dies oder jenes andere Gerät, und wir können
es beide verwenden!« Mir ist das schon untergekommen.
Denken Sie daran: Maschinen bedeuten gebundenes Kapital; sie
werden mit der Zeit nicht besser und verlieren an Wert. Entweder
stellen Sie wertvollen umbauten Raum für die Geräte bereit, oder
aber sie stehen im Freien und rosten und verrotten im Regen.
Verzichten Sie auf ein bestimmtes Gerät, wenn Sie auch ohne es
auskommen können. Wenn Sie eine Kuh kaufen, gibt sie Ihnen
gute Milch und bringt jedes Jahr ein Kalb; wenn Sie sie lange

genug behalten, wird jedes der Kälber schließlich so wertvoll wie die Kuh selbst. Wenn Sie eine Stute kaufen, kann sie ein Fohlen bekommen. Kein Traktor hat jemals ein Fohlen gehabt. Damit will ich nicht sagen, daß Sie sich Maschinen oder Geräte, die Sie wirklich brauchen, nicht kaufen sollten. Es ist nicht gut, wenn man völlig von seinen Nachbarn abhängig ist; wenn man aber seinen Nachbarn nicht helfen kann (in diesem Fall mit Maschinen), ist das ebenfalls schlecht. Ich empfehle aber eine gründliche Kosten-/Nutzen-Analyse, bevor Sie zum Kauf schreiten. Können Sie auch ohne das Geld auskommen? Wäre Mieten nicht billiger? Könnten Sie sich mit drei oder vier Nachbarn zusammentun und die Maschine gemeinsam anschaffen? Wenn Sie sie kaufen – kommt dann unter dem Strich auch wirklich ein Gewinn für Sie heraus?

Als wir uns hier niedergelassen hatten, kamen wir jahrelang (wie lange, weiß ich nicht mehr genau) ohne Schlepper aus. Ein gewisses Quantum an Traktorenarbeit ließen wir von Nachbarn machen, die wir dafür bezahlten; zum größten Teil jedoch besorgten wir die Landbestellung selbst – mit einem Pferd. So bauten wir Getreide an und schafften es auch in die Scheune. Damals gab es beim Heumachen weitaus mehr gegenseitige Hilfe als heute. Unsere Nachbarn brachten unser Heu mit uns ein, und wir halfen ihnen bei anderen Gelegenheiten. Dann kauften wir Nelly, einen alten Diesel-Traktor, der unsere Möglichkeiten beträchtlich ausweitete. Wir konnten unser Grasland verbessern, selbst pflügen und säen, fast ohne fremde Hilfe auskommen. Da wir nur dreihundert Mark für den Schlepper zahlten, hat er sich sicher rentiert.

Leider starb Nelly dann, und wir mußten einen anderen Schlepper kaufen. Er kostete schon dreizehnhundert Mark und hielt nicht annähernd so lange wie Nelly. Dann kauften wir noch einen, dann noch einen. Zur Zeit laufen zwei auf unserer Farm, aber im Frühjahr werden wir wahrscheinlich einen verkaufen.

Wir haben uns jetzt einen Stall gebaut. In den kommt unser einziges Arbeitspferd, das in Zukunft noch weit mehr zu tun kriegen wird; wir wollen ein zweites dazukaufen. Sobald wir drei Arbeitspferde auf dieser Farm haben, können wir unseren letzten Schlepper verkaufen – wenn wir ihn nicht einfach als stationären Motor für Dreschmaschine, Mühlen usw. verwenden.

Was immer wir hier falsch gemacht haben, eines kann man uns nicht vorwerfen – daß wir eine Unmenge Geld für Geräte ausgegeben hätten. Etliche Leute, die ich kenne, haben in jüngster Zeit achtzehntausend Mark für einen Traktor ausgegeben. Bei den jetzigen Preissteigerungen für Maschinen und Treibstoff sehe ich den Zeitpunkt kommen, wo unsereinem nur noch das Pferd bleibt.

Wer ein Kleinanwesen betreibt, braucht vielleicht überhaupt keinen Traktor. Als gebrauchte Schlepper so billig waren, daß man sie fast umsonst bekam, war es durchaus sinnvoll, einen zu kaufen. Selbst wenn er nach ein paar Jahren verrostet war, spielte das keine Rolle. Aber die Zeit der billigen Zweithand-Traktoren ist vorbei.

Für den Kleinbetrieb gibt es noch die Mini-Traktoren. Für manche davon gibt es komplette Zusatzausrüstungen wie Grasmäher usw. Ihr Kraftstoffverbrauch ist minimal – kein großes Problem.

Vor allem die Italiener bringen ein breites Angebot von landwirtschaftlichen Kleingeräten auf den Markt. Der »Olympia« Gras- und Getreidemäher zum Beispiel ist ein hervorragendes Gerät. Ich kenne einen Mann, der seit vierzehn Jahren eines besitzt und ständig auf Böschungen von fünfundvierzig Grad Neigung Gestrüpp damit abrasiert; die Maschine funktioniert immer noch ausgezeichnet. Man kann sogar einen Binder daranmontieren, der Getreide in Garben bindet. Außerdem treibt der Apparat eine nicht ganz schwache Kreissäge, zieht einen Anhänger und tut verschiedene andere Dinge. Die Basiseinheit kostet etwa viereinhalbtausend Mark. Ideal wäre es, wenn mehrere Siedler eine solche Maschine gemeinsam benützten oder wenn einer von ihnen als Besitzer damit Lohnarbeit für seine Nachbarn verrichtete.

Betreiber sehr kleiner Anwesen, vor allem Neulinge, neigen dazu, Maschinen zu kaufen, bevor sie sie wirklich brauchen. Wir haben eine zwei Hektar große Gärtnerei, die wir mit einem Pferd bearbeiten, wobei der Farmtraktor nur gelegentlich mithilft. Ich selbst betreibe noch einen eigenen Garten, den ich seit vielen Jahren alleine von Hand bearbeite – er ist etwa 0,1 Hektar groß. So ein Garten ist viel zu klein, als daß man auch nur im Traum daran denken sollte, irgendwelche Maschinen für ihn zu kaufen. Ich arbeite in der Regel an die zehn Minuten pro Tag darin und gelegentlich auch mal den ganzen Nachmittag mit Spaten und Gabel. Für einen kleinen Garten eine Bodenfräse um achthundert Mark anzuschaffen, ist Wahnsinn. Wieviel Gemüse müssen Sie ernten, um dieses Geld wieder hereinzubekommen? Ich garantiere, daß die Bodenfräse längst hin ist, ehe das Gemüse, zu dessen Anbau sie benutzt wurde, einen entsprechenden Ertrag einbringt. Wer einen wirklich großen Garten hat, sollte sich erstklassige Handgeräte anschaffen. In einem solchen Fall ist es wirklich sinnvoll, auf das Tiefbeetsystem überzugehen. Die Anlage eines Tiefbeets dauert vielleicht zweimal so lang wie die eines normalen Beetes, aber danach sind die anfallenden Arbeiten wesentlich einfacher und rascher zu bewältigen, und die Unterdrückung von Unkraut ist überhaupt kein Problem. »Garten« und »landwirtschaftliches Anwesen« – das sind zwei ganz verschiedene Maßstäbe. Mit meinem kleinen Traktor und einem Zweischarpflug beackere ich im Tag gut zwei Hektar Land. Grübe man diese Fläche von Hand um, würde man ein Jahr dafür gebrauchen. Ein Pferdegespann pflügt etwa einen halben Hektar im Tag. Obwohl heute so viel von Landbestellung ohne Pflügen und ohne Umgraben gesprochen wird, pflügen und graben die meisten von uns nach wie vor und werden es wahrscheinlich immer tun. Im wesentlichen gibt es zwei Methoden der »Minimalkultivierung«. Die eine besteht darin, daß man das Land mit Giften, vor allem Unkrautvertilgungsmitteln überschüttet, jedes Leben darin vernichtet und dann die Saat auf diese oder jene Art in den nun völlig sterilisierten Boden bringt. Dem modernen »biologischen« Landwirt oder Gärtner empfiehlt sich diese Methode kaum – sie ist jetzt, wie die meisten Auswüchse des Chemiezeitalters, hoffnungslos veraltet. Die andere Methode ist absolut »biologisch«. Sie besteht darin, daß man den Boden mit einer starken Schicht Kompost bedeckt, die jeden Unkrautwuchs unterdrückt. Samen oder Pflanzen werden einfach in diesen Kompost eingesetzt.

Wenn Sie also genug Kompost haben oder genügend Material, aus dem man ihn macht, dann ist dies eine sehr gute Methode. Der illustre Dr. Shewell-Cooper von der »Gesellschaft der guten Gärtner« benützt keinen Spaten. (Sein Emblem ist ein Rotkehlchen, das auf einem im Boden steckenden Spaten sitzt. Er sagt, das Vögelchen könne dort sitzen, weil der Spaten nicht benutzt werde.) Vielmehr verwendet er gewaltige Mengen Kompost. Ein beträchtlicher Teil seines Landes besteht aus Wiesen, und das gemähte Gras kompostiert er. Außerdem verwendet er noch größere Mengen organischen Materials, das nicht von seinem eigenen Boden stammt.

Den meisten von uns ist so etwas nicht möglich – wir haben weder riesige Wiesen, noch können wir uns größere Mengen zusätzlichen organischen Materials beschaffen, obwohl es erstaunlich ist, was man finden kann, wenn man nur sucht. Laub, das die Stadt in ihren Parks zusammenrechen läßt, Reste, die auf Märkten, bei Gemüsehändlern, in Schlachthäusern und bei Fischfirmen anfallen – das sind einige Möglichkeiten. Und über Seetang geht gar nichts! Wir brauchen also eine Methode der Landbestellung, die ohne Gifte oder ungeheure Kompostmengen auskommt, und das bringt uns zu Spaten und Pflug. Es ist bezeichnend, daß in allen Gebieten der Erde, wo es Landwirtschaft gibt, seit den Umwälzungen der Neusteinzeit Pflug, Spaten und Hacke stets in Gebrauch waren.

Auf jedem Anwesen, groß oder klein, gibt es Werkzeuge, die man unbedingt braucht und deswegen von Anfang an haben sollte. Hier ist meine Liste:

Spaten
Gabel
schwere und leichte Hacke
Rechen
Schubkarren
Axt
Beil
Haumesser
Handsäge

Handwerkzeug, das man mit ziemlicher Sicherheit braucht:
Ablängsäge (schneidet quer zur Faser)
Stemmeisen (zwei oder drei)
Klauenhammer[1]

[1] Hammer mit Schlagkopf auf der einen und »Klaue« zum Herausziehen von Nägeln auf der anderen Seite: der Ur-Hammer.

Schlegel (für die Meißel)
Schraubenzieher (zwei oder drei)
Bohrer und ein paar Einsätze
Bohlensäge (schneidet längs zur Faser)

Dies ist die Minimalausrüstung, ohne die man meiner Ansicht nach nicht auskommen kann. Bestimmt braucht man bald auch noch einiges andere wie:
Metallsäge
Metallbohrer
Schraubstock
Brettsäge
Sägenfeile und Schwenkeisen

Für die Küche benötigt man auf einem Selbstversorgeranwesen weit mehr Gerätschaften als in einem städtischen Haushalt. So kann man gar nicht genug große Töpfe, Pfannen und Schüsseln haben. Zum Brotbacken, zur Sülzebereitung und zum Milchansetzen braucht man zum Beispiel große Schüsseln. Scharfe Messer und Schleifwerkzeug sind für jede Art von Fleischbearbeitung wichtig; auch eine Fleischsäge ist nützlich, wenngleich ich schon manchen Knochen mit einer Zimmermannssäge durchgeschnitten habe. Metzgerhaken zum Fleischaufhängen kann man gut brauchen, außerdem auch einen Flaschenzug zum Hochziehen des Tieres, bevor man es aufschneidet. Schlachtet man selbst, dann braucht man entweder einen Bolzenschußapparat (für Rinder) oder ein elektrisches Betäubungsgerät (für Schweine). Ein Gewehr ist für die Ordnung auf Ihrem Grund und Boden recht nützlich. Sie sind ebenso sehr Teil Ihres Anwesens wie ein Kaninchen oder eine Schnecke, haben aber die Aufgabe, die Zahl anderer Lebewesen so unter Kontrolle zu halten, daß sie nicht überhandnehmen. Wenn Ihr Land von Tauben oder Wildkaninchen wimmelt, bleibt für Sie und Ihre Haustiere nichts mehr übrig. Allerdings muß man die Waffengesetze beachten.

Als ich noch sehr arm und bedürftig war, glaubte ich, es sei besser, mein weniges Geld für ein Werkzeug zu verwenden, als jemand dafür zu bezahlen, daß er die Arbeit für mich tat. Das ist auch jetzt noch meine Ansicht; allerdings haben in den fünf

Jahren, während derer ich anderen Leuten erlaubte, auf meine Farm zu kommen, um etwas zu lernen, diese »Lehrlinge« Schindluder mit allen meinen Geräten getrieben. Vorher hatten wir vollständige Werkzeugsätze für Holz- und Metallbearbeitung, für Schmiede-, Maurer-, Gärtner-, Wald- und Farmarbeiten und für die Tierhaltung. Wo ist der Schnee vom letzten Jahr? Jetzt, da wir die Dinge wieder anders handhaben, müssen wir unsere Bestände geduldig von neuem aufbauen.

Wenn Sie ein bäuerliches Anwesen mit Ackerland haben, sind die folgenden Geräte und Maschinen das absolute Minimum (ich lasse dahingestellt, ob sie von Tieren oder einem Traktor gezogen werden):

Pflug
Egge
Transportwagen
Grasschneider (von der Sichel bis zur Mähmaschine)
Getreideschneider (wie oben; in der Regel kann man aber auch einen Mähdrescher mieten)
Heu- oder Mistgabeln

Ich persönlich würde ungern ein Anwesen von mehr als Gartengröße bestellen, wenn ich nicht auch noch eine
Ackerwalze[1] oder eine
Bodenfräse hätte.

Natürlich brauchen Sie etwas, um die meisten dieser Geräte zu ziehen.

Es gibt noch Dutzende großer und kleiner Geräte, die recht praktisch sein können, die man aber nicht unbedingt braucht. In einem größeren Garten leistet eine Bodenfräse ganz gute Dienste. Wenn Sie wollen, daß Ihr Land sauber aussieht, ist ein mechanischer Rasenmäher sehr nützlich (und liefert nebenbei wertvolles Tierfutter oder Kompostmaterial). Eine Ziege, ein Schaf, eine Kuh oder ein Pferd ist ein guter nichtmechanischer Mäher – aber diese

[1]Walze mit einer Anzahl unabhängig voneinander beweglicher Metallringe.

Tiere machen auch Ihre Obstbäume kaputt. Wenn Sie Getreide anbauen, wird sich irgendwann eine Art Dreschmaschine, ein Getreidereiniger (Worfler) und eine Mühle als nötig erweisen. Und so geht das weiter.

Entscheidend ist dies: Investitionen in Geräte sind nur dann sinnvoll, wenn Sie auch wirklich die Absicht haben, diese Geräte zu pflegen. Hand-Werkzeug hält dann mehrere Generationen und von Pferden gezogene Maschinen ebenfalls. Traktoren und mit ihnen betriebene Geräte halten natürlich nicht annähernd so lange. Öl und Schmierstoffe sind zwar nicht mehr so billig wie früher, aber man sollte trotzdem nicht daran sparen. John Jeavons in Kalifornien hat ein bemerkenswertes System für seine Gartengeräte: In seinem Werkzeugschuppen steht neben der Tür eine mit altölgetränktem Sand gefüllte Kiste. Bringt er ein Werkzeug herein, dann kratzt er mit einem scharfkantigen Holzstück, das neben der Tür hängt, die Erde davon ab und versenkt dann den metallenen Teil des Werkzeugs ein paarmal in diesem Sand.

Einen wichtigen Bestandteil Ihres Anwesens sollten Sie nicht vergessen: sich selbst! Schon oft habe ich erlebt, daß Stadtleute aufs Land kamen und sich bald derartige Beschwerden zuzogen – Bandscheibenleiden, Muskelzerrungen und -risse usw. –, daß ihnen das Landleben zur Last wurde und sie wieder in die Stadt zurückmußten. Das heißt: Sie müssen *bewußt* mit Ihrem Körper umgehen, wenn Sie schwere oder ganz ungewohnte Arbeit verrichten. Wenn Sie gewichtige Lasten vom Boden heben, krümmen Sie sich nicht vornüber wie der Buchstabe C, um das Objekt wie ein Kran hochzuhieven. Bleiben Sie aufrecht, gehen Sie in die Knie, packen Sie den Gegenstand, halten Sie den Atem an, *denken* Sie an Ihre Bauchmuskeln und heben Sie das Ding mehr mit den Beinen als mit den Armen und viel mehr als mit dem Kreuz. Warum den Atem anhalten? Weil dies aus irgendeinem Grunde verhindert, daß Sie sich einen Bruch heben. Wann immer Sie Handarbeit tun, denken Sie erst drüber nach. Überlegen Sie, welche Muskeln Sie dabei gebrauchen und wie. Auch leichte Dinge sollten Sie nicht zu heben versuchen, wenn Sie nicht die richtige Position dabei einnehmen – zur Seite verdreht zum Beispiel. So beschwört man Bandscheibenleiden herauf. Stellen Sie sich erst richtig hin und gehen Sie dann mit Überlegung an die

Sache heran. Müssen Sie einen Sack tragen, sollte er hoch genug sein, daß Sie mit Nacken und Schultern gut darunter kommen können. Wie bringen Sie ihn so hoch? Lassen Sie sich von jemand helfen oder heben Sie ihn stufenweise hoch – immer eine Stufe auf einmal – oder benützen Sie einen Sackheber (wenn Sie so glücklich sind, einen zu haben): Gebrauchen Sie Ihr Hirn, um Ihren Rücken gesund zu erhalten. Ein Mann, der darin Übung hat, kann einen Zentnersack vom Boden hochheben, ihn über die Schulter werfen und damit eine Leiter hinaufsteigen. Versuchen Sie's nicht, ehe Ihre Muskeln nicht gut mit solchen Aufgaben vertraut sind. In meiner Jugendzeit hätte sich jeder Bauernknecht geschämt, der nicht imstande gewesen wäre, einen Sack Bohnen (Gewicht 125 kg!) eine Leiter hinaufzutragen.

Versuchen Sie, rhythmisch zu arbeiten. Ob Sie mähen, hacken, graben, Mist aufladen, mit der Axt Holz spalten oder was immer – lernen Sie, es rhythmisch und ausdauernd zu tun. Erledigen Sie alle körperlichen Arbeiten bewußt, bis Sie gelernt haben, sie unbewußt zu tun. Singen Sie bei der Arbeit – seien Sie stolz auf das, was Sie tun. Gut getane Arbeit ist wie ein Gebet und geschieht Gott zur Ehre.

12   Worum es eigentlich geht

Worum geht es nun eigentlich?

Da stecken wir also in unserem morastigen Anwesen kilometerweit draußen auf dem Land, haben unsere Lebensmittelproduktion in Gang gebracht, haben einen Weg gefunden, ein paar lumpige Scheine zu verdienen, haben Vieh und Geräte und ein Dach über dem Kopf. Außerdem haben wir, wenn mich nicht alles täuscht, ein gewaltig überzogenes Bankkonto.

Aber muß es nicht mehr im Leben geben, als einfach seine eigene Nahrung zu produzieren und zu verspeisen und seine Kredite zurückzubezahlen?

Da ist natürlich noch die Erhaltung der Art. Was immer Neusiedler tun, darin scheinen sie immer ganz gut zu sein. Und wenn eine Frau oder ein Mann anständig lebt, für das in Anspruch Genommene bezahlt, ein paar nette, gesunde Kinder aufzieht und eigene Kenntnisse und Erfahrungen an sie weitergibt, dann kann man sagen, daß sie oder er dem Leben gedient hat. Solche Leute haben vielleicht nicht zur Entwicklung des Lebens zum Göttlichen hin beigetragen, aber zumindest haben sie die Möglichkeit offengehalten, daß es in Zukunft zu so einer Entwicklung kommt.

Wenn man sich auf das Land zurückzieht und zumindest einen Teil seines Lebens mit einfachen, körperlichen Arbeiten verbringt, ist man viel besser imstande, die Entwicklung einzuschätzen, welche die große Welt jenseits der Grenzen des eigenen Anwesens genommen hat. Das eigene Land wird einem zur eigentlichen Welt, und deswegen sieht man die andere, weniger wichtige Welt jenseits des Zauns mit innerem Abstand und kann sie besser verstehen, als wenn man selbst bis zum Hals darinsteckt.

Wenn ich mich nicht sehr täusche, kommt man dann zu der Erkenntnis, daß diese Außenwelt wirklich eine sehr kranke, traurige Welt ist. So bemüht man sich in seinem kleinen Königreich nach Kräften, das Leben zu erhalten und zu fördern – während draußen alles getan wird, um es zu vernichten. Man muß zusehen, wie die brasilianischen Urwälder im Napalmfeuer zur Asche werden, damit ein paar Gauner riesige Profite einsacken können; man verfolgt die Vernichtung der letzten großen Fischvorkommen der Welt zur Erzeugung von Fischmehl für die Fütterung von Batteriehühnern und Brathähnchen; das Abschlachten der edlen Wale zur Parfümproduktion für alberne Frauen und zur Herstellung von Industriefutter für ihre Schoßhündchen; die Zubetonierung und -teerung der Grünflächen der Erde; die Korrumpierung der Bauern dieser Welt – der einzigen Leute, deren Wirken das Leben auf der Erde fördert und nicht schädigt. Man sieht, wie sich unersättliche Agro-Geschäftemacher bemühen, zugunsten ihrer gewinnbringenden Monokultur jede andere Form von Leben zu vernichten; man sieht, wie scheinbar ehrliche und bei gesundem Verstand befindliche Wissenschaftler Forschungen betreiben, von denen sie *wissen*, daß sie wahrscheinlich zur Zerstörung jeglichen Lebens führen; man sieht Atomwissenschaftler, die ganz genau wissen, daß ihr Tun künftige Generationen verstümmeln und zerstören wird, dieses Wissen aber verdrängt haben und dennoch für Monatsgehalt und Pension weitermachen. Sie tun es, um ihre Kinder auf teure Privatschulen schicken zu können, wobei sie sich keineswegs in Zweifel darüber sind, daß ihre Enkel und Urenkel mit Krankheit und Elend werden bezahlen müssen. Man sieht, wie sich die »zivilisierten« Nationen in widerwärtiger Weise darum reißen, den törichten Führern der sogenannten »Dritten« Welt immer schrecklichere Waffen verkaufen zu können.

Man könnte die Liste weiterführen – sie würde so bald kein Ende nehmen. Und man muß zu der Einsicht kommen, daß der Mensch der nachindustriellen Epoche den Verstand verloren hat. Materialismus und »Humanismus« (Anbetung der Menschheit) – diese Religionen, die eigentlich schwarze Religionen sind, haben den Menschen auf einen unheilvollen Weg geführt. Unsere politischen Führer sagen uns, daß wir Atomkraft brauchen, weil wir ohne sie kein Licht und keine Wärme mehr hätten. Mit anderen Worten: Wenn wir die Kernkraft nicht haben, müssen wir vielleicht mit etwas weniger Wärme, etwas weniger Bequemlichkeit, etwas weniger »Wachstum« auskommen. Unsere Regierungen denken nur noch an »Wachstum«. Was ist denn das für ein »Wachstum«? Ist es das Wachstum des menschlichen Geistes, das Wachstum der wirklichen moralischen und geistigen Werte der Menschheit? Nein. Es ist das Wachstum der Verbreitung von Widersinn und unnützem Zeug, und dafür müssen wir unsere Mutter, die Erde, vergewaltigen.

Deswegen haben wir *Einsteiger* (drop-ins) – die wir eine vernünftigere, weniger Raubbau an der Erde betreibende Lebensform gewählt haben – eine ungeheure Verantwortung. Aufbau einer neuen Zivilisation, einer neuen Weltordnung – das sind unsere Ziele. Mit weniger dürfen wir uns nicht begnügen. Wenn Menschen in riesigen Ballungsgebieten zusammengepfercht sind, werden sie krank und für den Rest der Biosphäre gefährlich. Die wenigen, die auf den verlassenen Flächen außerhalb der Ballungsgebiete übriggeblieben sind, müssen den Boden vergewaltigen, um immer mehr Nahrungsmittel für die wie Krebsgeschwüre wuchernden, parasitären Ballungsgebiete bereitzustellen. Der Mensch wird ein zerstörerischer Parasit dieser Erde. In sämtlichen wirklich goldenen Epochen der Menschheit waren die Städte von menschengemäßer Größe – sozusagen Blüten der ländlichen Kulturen. Die Städter hatten ihre Wurzeln in der nicht weit entfernt gelegenen Scholle ihrer Familien. Von diesen Wurzeln getrennt und als »Entwurzelte« in den riesigen Dschungeln aus Ziegeln, Asphalt und Beton lebend, verlieren die Menschen Richtung und Ziel.

Aber das Leben weiß, was es mit Arten anfängt, die seinen Zielen nichts nutzen, sondern bloß noch zerstörerisch wirken. Vielleicht ist die Art, die man *homo sapiens* zu nennen pflegte und die jetzt zum *homo destruens* geworden ist, ohnehin dem Richtschwert verfallen. Trifft dies zu, dann sei es. Andere Arten werden entstehen, die dem Prinzip des Lebens weiter dienlich sein werden. Uns Menschen freilich ziemt es, gegen ein solches Ende zu kämpfen.

So ist die Rückkehr zu unseren Ursprüngen nicht nur eigensüchtig und praktisch: Sie ist etwas Religiöses. *»Religiös«* ist das einzige Wort, das diese Vorstellung ganz auszudrücken vermag, ob wir nun an Gott glauben oder nicht. Mit seinem puren, verstädterten Materialismus ist der Mensch in eine Sackgasse geraten. Kehrt die Menschheit nicht rechtzeitig um, so droht am Ende ihre Vernichtung. Niemand kann sagen, wieviele andere Lebensformen sie mit sich in den Abgrund reißen wird. Auf lange Sicht spielt das vermutlich auch keine Rolle. Würde alles Leben auf diesem Planeten zerstört, so würde sich morgen neues entwickeln, es sei denn, der Erde selbst geschähe etwas. Das Universum währt lang genug, daß das Lebensprinzip tausendmal von neuem versuchen kann, Leben auf diesem Planeten zu entwickeln, zu nähren und sich schließlich durch Habgier und Eigensucht doch selbst wieder zerstören zu lassen. Und nach tausend Versuchen wird vielleicht einer gelingen.

Diese Überlegung sollte jedoch unsere Bereitschaft zum Handeln nicht im geringsten beeinträchtigen. Wir haben nur eine Aufgabe (und nur eine wirkliche Freude, die in der Durchführung dieser Aufgabe liegt): uns im Sinne des Lebensprinzips zu bemühen. Möglicherweise ist es nicht immer leicht, zu erkennen, wie man dieser Aufgabe gerecht werden kann. Oft werden wir ratlos sein. Die reine Vernunft – Vernunft alleine – kann uns nie auf den rechten Weg führen. Etwas anderes muß helfend und verstärkend hinzukommen. Wie ich lese, besteht unser Gehirn aus zwei Hälften – der linken und der rechten Seite. Die linke Seite hat sich zu ungeahnten Höhen entwickelt; die rechte Seite blieb völlig vernachlässigt. Diese Vernachlässigung der rechten Seite hat uns »verrückt« gemacht, blind, empfindungslos, gewahr nur noch unserer egoistischen Bedürfnisse – der eigensüchtigen Bedürfnisse des Menschen allein. Dies hat uns zum gefährlichsten Irrglauben geführt, den es bisher gegeben hat – dem irrigen Glauben nämlich, daß unsere Art außerhalb der Natur stehe. Wenn Gott dem Menschen »Herrschaft über die Tiere des Feldes und über die Vögel des Himmels« gab, wie es in der Bibel heißt, dann wollte er nicht, daß wir diese Herrschaft wider die Vernunft und die Gesetzlichkeit der Natur ausüben. Gewiß – wir, die wir zu kleinen Flecken auf der Oberfläche der Erde gehören, haben Herrschaft über die Tiere und Pflanzen darauf, zumindest bis zu einem gewissen Grade. Wir sind bis zu diesem Grade Könige unseres Königreichs. Aber der gute König herrscht *zum Wohl seiner Untertanen.* Er ist ihr Diener. Zwei Regeln müssen wir lernen: *Es*

ist das Land, dem der Mensch gehört, der es bewirtschaftet, und nicht umgekehrt. Und der König ist der Diener seiner Untertanen.
Der Mensch ist Teil der Natur wie jeder Vogel. Versucht er, »die Natur zu erobern«, wird er sich selbst zerstören, weil auch er zu dieser Natur gehört.

Wahrscheinlich kann man intelligente Menschen mit bloßen Vernunftargumenten davon überzeugen, daß das oben Gesagte wahr ist. Die pure Vernunft wird den Menschen zu der Erkenntnis verhelfen, daß man radioaktives Material nicht hunterttausend Jahre lang sicher lagern kann (wobei man die gelagerte Menge auch noch ständig steigert). Die pure Vernunft wird jedem klarmachen, daß es nicht richtig sein kann, unseren Planeten mit teuflischen Chemikalien zu überschütten (die alles Leben vergiften), und daß jeder Wirkstoff, der eine Lebensform schädigt, auch andere schädigt. Aber leider wird die pure Vernunft uns nicht veranlassen, richtig zu handeln und auf dieses verderbliche Tun zu verzichten.

Wir, die wir zu unserem Ursprung, nämlich zur Scholle zurückkehren, haben eine Möglichkeit, die auf diesem Planeten immer seltener wird: Wir haben Zeit und Raum, den Teil unseres Gehirns fortzuentwickeln, dessen Funktion vom Materialismus unterdrückt worden ist. Wir können unsere Fähigkeit fördern, zu sein und zu fühlen, und die Kraft unseres Wissens und unserer Vernunft. Wenn wir unsere Rüben hacken, kann der intellektuelle Teil unseres Gehirns sich erholen, und wir können uns erlauben, die Felder um uns herum wirklich wahrzunehmen, die Wälder, die Moore und Hügel und das Leben darin. Und wir können empfinden, daß wir Teil dieses Lebens sind – kein besonderer Teil, sondern einfach ein Teil – und daß wir mit Vernunft begabt sind, damit wir unsere Rolle gut und ehrlich spielen. Und diese Rolle besteht darin, daß wir den Zielen des Lebensprinzips dienen.

Bücher, Wörter, Überlegungen – all das vermag nicht, dieses Bewußtsein in uns zu wecken. Rüben zu hacken, liebevoll Pflanzen und Tiere heranzuziehen, den Wandel der Jahreszeiten zu verfolgen und auch *zu fühlen,* den ewigen Kreislauf des Sterbens und Werdens um uns herum zu *empfinden* und sich bewußt zu sein, daß wir Teil dieses Geschehens sind – all dies kann Herz und Geist des Menschen neu erwecken und ihm ermöglichen, die Welt mit dem inneren Auge zu sehen. Meinen Sie, daß die fünf Sinne, welche wir kennen, uns die Wahrheit, die ganze Wahrheit und nichts als die Wahrheit sagen? Glauben Sie das nicht. Gewiß, eingeschränkte Aspekte der Wahrheit zeigen sie uns, aber niemals die ganze Wahrheit! Und bis ein großer Teil der Menschheit fähig wird, wieder die ganze Wahrheit zu sehen und nicht nur weniger wichtige Teile davon, haben wir allen Grund, der Zukunft des Lebens auf dieser Erde äußerst pessimistisch entgegenzusehen. Und wir werden diese Fähigkeit nicht erlangen, solange wir isoliert leben vom Rest der Natur – isoliert durch Plastik und Glas, Asphalt und Beton und unsere unersättliche materialistische Gier.

Kehren wir also zu unserem Ursprung zurück. Setzen wir die verfallenen Anwesen und Hütten instand, bauen wir neue Behausungen und üben wir solchen Druck auf unsere »Herren« – die großen, allwissenden Regierungen – aus, daß sie ungenutztes Land für die guten Zwecke der Natur und der Menschheit freigeben.

Damit will ich nicht sagen, daß wir alle selbstversorgende Kleinbauern werden sollten. Allerdings sollten wir die Vielzahl unserer angeborenen oder erlernten Fertigkeiten nicht völlig abgeschnitten vom Rest der Natur ausüben, sondern unser ganzes Leben lang in Einklang mit ihr. Sollen wir dann auch Kälte und Hitze und Nässe und Dürre ertragen? Ja! Die blinden, gefühllosen Menschen, die Vögel und andere Tiere in Massengefängnisse pferchen, wollen uns weismachen, daß diese Geschöpfe glücklich sind, weil »sie stets in optimaler Temperatur leben«. Solche Leute wissen nicht, wovon sie reden. Alle auf diesem Planeten existierenden Lebensformen (dazu gehören auch Hühner) *entwickelten* sich dergestalt (oder wurden so *geschaffen,* daß sie Hitze und Kälte, Nässe und Trockenheit aushalten können. Bei uns verhält es sich ebenso. Ich möchte lieber im Alter an Rheumatismus leiden und wissen, daß ich in der wirklichen Welt wirklich so lebte, wie ein Mensch leben soll, als jahraus, jahrein in überheizten, mit Klimaanlagen versehenen Büros oder Fabrikgebäuden verhätschelt zu werden und niemals zu wissen, was es bedeutet, Sonnenhitze und Eishauch des Winters zu erleiden und bewußt zu erleben.

Die judaische Theologie sagt, daß Gott Adam und Eva in den Garten Eden hineinstellte, damit sie ihn »hegten und pflegten«. Man stelle sich vor, wie es wäre, wenn die ganze Menschheit genau dies täte – wenn sich die Leute wieder über das Land verbreiteten und jeder einzelne sich mit allen Kräften bemühte, sein kleines Stückchen davon – zumindest das kleine Stück, *zu dem er gehörte* – in ein Stück Paradies zu verwandeln.

Man stelle sich vor, daß große und kleine Städte echte Zierden eines fruchtbaren, glücklichen Landes wären und das Land bewirtschaftet würde, wie es bewirtschaftet werden sollte: von Männern und Frauen, und nicht mit riesigen Maschinen und giftigen Chemikalien – in kleinen Anteilen, von denen jeder von einem Individuum oder von einer kleinen Gruppe von Individuen geprägt würde – mit einer glücklichen, fruchtbaren Vielfalt von Gärten, Obsthainen, Acker- und Weideland, Wäldern und Wildnis – wo die Häuser der Menschen sich auf natürliche Weise in die Landschaft einfügen – wo es glückliche, lachend spielende, freie Kinder gibt, die mit den Erwachsenen arbeiten und auf unmittelbare Weise wirkliche Lernerfahrung sammeln, und nicht in den schönsten Jahren der Kindheit, eingepfercht in trübselige Schulzimmer, von den Pädagogen geistig verstümmelt werden.

Warum sind unsere heutigen, geschwürartig wuchernden Ballungszentren (ich bringe es nicht über mich, für sie das schöne Wort *Stadt* zu verwenden) so unsäglich häßlich? Weil sie für schändliche Zwecke gebaut wurden. Jedes Gebäude darin wurde nur zu einem einzigen Zweck errichtet – einen Reichen noch reicher zu machen. Die bescheidenen Bauernhütten, die Dorfkirchen, die großen Kathedralen, die gewaltigen Kornspeicher, die schönen Fachwerkdörfer der Weber, die prächtigen Segelschiffe, sie alle wurden, auch wenn es ihre Erbauer vielleicht nicht wußten, zur Ehre Gottes geschaffen.

Unedle Zwecke freilich führen niemals zu edlen Schöpfungen.

Ich will eine Prophezeiung wagen: Wenn es in tausend Jahren noch Menschen auf dieser Erde gibt, dann werden dann und wann welche von ihnen die Ruinen von London, New York, Rom und Paris besuchen. Und staunend werden sie sagen: »Ist es möglich, daß es Männer und Frauen gab, die wirklich so leben konnten?«